大学英语教育改革之路

——理念·探索·创新

史宝辉 李芝 訾缨 段克勤◎编著

THE REFORM OF COLLEGE ENGLISH EDUCATION
-CONCEPTION EXPLORATION AND INNOVATION

中国社会科学出版社

图书在版编目(CIP)数据

大学英语教育改革之路：理念·探索·创新 / 史宝辉等编著.—北京：中国社会科学出版社，2017.12

ISBN 978-7-5203-1409-1

Ⅰ.①大… Ⅱ.①史… Ⅲ.①英语-教育改革-研究-高等学校 Ⅳ.①H319.1

中国版本图书馆 CIP 数据核字(2017)第 273458 号

出 版 人 赵剑英
责任编辑 任 明
责任校对 刘 娟
责任印制 李寡寡

出 版 中国社会科学出版社
社 址 北京鼓楼西大街甲 158 号
邮 编 100720
网 址 http://www.csspw.cn
发 行 部 010-84083685
门 市 部 010-84029450
经 销 新华书店及其他书店

印刷装订 北京君升印刷有限公司
版 次 2017 年 12 月第 1 版
印 次 2017 年 12 月第 1 次印刷

开 本 710×1000 1/16
印 张 10.5
插 页 2
字 数 151 千字
定 价 48.00 元

前　言

大学英语教育的目的是为高等教育培养国际化和创新型人才。自2003年教育部实施大学英语教育改革以来，改革的内容主要包括基于计算机的大学英语听说课教学模式改革，注重听、说能力的培养，大学英语精品课程建设等。近年来，随着国家需求、社会需求和学生需求的改变，大学英语教育又面临着发展的关键时刻，改革需要进一步创新和突破。新形势下的大学英语教育不仅是一门语言基础课程，也是为学生未来的学术研究奠定基础、拓宽国际化视野、了解世界文化的素质教育课程，兼具人文性与工具性双重性质。在此理念的指导下，新时期北京林业大学的大学英语教育主要以“输入为基础，输出为驱动”为理论依据，进行深层次的教学改革，对课程教学内容的创新与突破进行了探索和尝试。撰写本书的主要目的在于回顾北京林业大学外语学院十年来的大学英语教学改革理念和发展历程，介绍我校具有鲜明特色的大学英语教育体系、教学内容、教学模式、教材建设、教学方法以及多元化的教学评价模式。根据内容的不同，本书主要分为三个模块，具体如下：

上　篇：大学英语教学改革发展历程；

中　篇：教学模式、教学方法探索与教学资源构建；

下　篇：多元化教学评价模式构建。

通过以上三个方面的介绍，我们希望能够展示我校在大学英语教育改革中所做出的积极探索和取得的进展，与全国其他高校互相交流、互为借鉴，为大学英语教育的未来发展起到进一步的推动作用。本书的出版获得北京高等学校青年英才计划“输入、互动和输出模式下的大学英语课程教学内容的创新与突破”（编号 YETP0783）、中央高校基本科研业务费专项“本硕博英语一条龙教育体系研究”（编号 2015ZCQ-WY-01）和北京高等学校教育教学改革立项项目“基于中西文化教育的大学英语教学改革”的资助，特此致谢！

目　　录

上篇　大学英语教学改革发展历程

中篇 教学模式、教学方法探索与教学资源构建

下篇 多元化教学评价模式构建

上篇　大学英语教学改革发展历程

大学英语教育改革发展历程

史宝辉　訾　缨　李　芝

一　北京林业大学外语学院发展的历史沿革

1952 年北京林学院建校，成立“俄语教研组”。1959 年增设英语课。1960 年增加英语、德语教师，成立“外语教研组”。1965—1966 年为林业部举办“英语教师培训班”，学制两年，因“文化大革命”夭折。1974—1975 年本校迁往云南期间，开办一期“英语教师学习班”。1979 年成立“林业部外语培训班”，为林业部所属院校教师和科研单位科技人员进行英语、德语、日语、俄语培训。1983 年成立“世界银行贷款农业教育科研项目北京林学院外语培训中心”，为农、林、水、气四部局世界银行贷款项目单位的专业教师及科研人员进行出国预备培训，同时培养了英语教师 11 名。

1985 年北京林学院改称“北京林业大学”，同年开始公派英语教师出国攻读硕士学位。1986 年在入学新生中选拔 17 名学生改学英语专业，由外语培训中心组织教学，称“英语师资班”。1987 年，原外语教研组、林业部外语培训班和外语培训中心合并成立“外语教学部”，教育部批准增设“专门用途英语（科技）”本科专业。1988 年，“专门用途英语（科技）”专业本科正式面向全国招生。1989 年，外语教学部改称“外语系”。

1990 年，第一届英语专业本科生（英语师资班）按“专门用途英语（科技）”专业毕业。1992 年，第一届正式向全国招生的“专门用途英语（科技）”专业毕业。1993 年，成立“语言与应用语言学研究所”，主办“第二届全国高等农林院校外语教学研讨班”。1994 年，教育部专业目录调整，专门用途英语（科技）专业更名为“英语专业”。1996 年，招收二年制英语大专（仅此一届）。1998 年，原外语系、社会科学系合并成立人文社会科学学院，下设外语系和社科系。2001 年，经学校研究，成立外语学院。增设“涉外公关与高级文秘”二年制高职专业。2002 年，增设“日语”本科专业，当年招生 25 名。增设成人教育英语专业，有四年制本科、二年制专科、二年制脱产专升本和三年制不脱产专升本四种形式。2003 年，增设“外国语言学及应用语言学”硕士学科点。2004 年，停止招收高职学生，首届“外国语言学及应用语言学”硕士生入学，被教育部列为“高等院校大学英语教学改革试点学校”，2004 级新生大学英语教学改革全面铺开。学院被正式接收为“中国国际贸易学会国际商务英语研究会”会员单位。英语专业“普通语言学”课列为首批校级精品课程。2005 年，英语专业被评为校级“重点建设专业”，大学英语四级考试一次通过率突破 70%大关。增设“英语语言文学”硕士学科点。2006 年，首届“日语”专业本科生毕业。

2007 年，在教育部“英语专业本科教学评估”中，评估结果为“优秀”。首届“外国语言学及应用语言学”专业硕士生毕业，首届“英语语言文学”专业硕士生入学。2008 年，大学英语四级考试一次通过率突破 80%。学院被中国国际贸易学会国际商务英语研究会确定为首批“全国国际商务英语考点和培训点”。《基于计算机的大学英语听说教学模式的实践与研究》项目获“北京市优秀教学成果二等奖”。

2010 年，大学英语四级考试一次通过率突破 90%。首届“英语语言文学”专业硕士生毕业。英语专业列入第六批“国家级特色专业建设点”。增设“翻译硕士（MTI）专业学位”。申报“外国语言文学”硕士一级学科点、“商务英语”本科专业和教育部“大学英语教学改革示范点”。2011 年，列入“教育部第三批大学英语教学改革示范点”。“外国语言文学”硕士一级学科点获得批准。增设“商务英语”本科专业。第一届“翻译硕士（MTI）专业学位英语笔译领域”和“商务英语”本科专业学生入学。2012年，成立了“语言服务中心”，计算机辅助翻译实验室建成并投入使用。

二 大学英语教学改革历程

我校大学英语教学在过去的30年中一直处于教改的最前沿。20世纪80年代中期成立外语教学部以后，大学英语教学开始进行改革，当时主要的目标是跟上全国大学英语教学改革的步伐，达到四级考试的要求。然而，由于师资力量不足、师资水平不高、教学资源匮乏、学生基础较弱等原因，以致在相当长的一段时间，大学英语教学效果不佳。在90年代，我校是地地道道的“大学英语教学后进校”，课程教学内容与教学手段相对单一，以讲授阅读为主。1998年的非英语专业英语四级通过率只有37.7%，经过努力，到2001年也只有49.3%。

2001年1月成立外语学院，从此正式开启了在改革中“求生存，谋发展”的大学英语教学改革之路。学校为大学英语教学配备了20个专用多媒体教室，从此告别了“一支粉笔，一块黑板”的旧教学模式，开始了向多媒体教学模式的转变和研究。教学内容也从单一的讲授阅读，转变为读、写、译相结合。

2003年，教育部启动大学英语教学试点工作，我校成为首批教改试点院校。从2004级开始全面展开了“基于计算机的大学英语听说课教学模式和教学内容的改革”。以此为契机，2008—2009年开始了大学英语精品课程建设和优秀教学团队建设，推动大学英语教学改革向纵深发展。2010年以来又进行了大学英语分级教学模式研究、外语文化类公共选修课考试模式的研究、外语教学网络资源库建设与研究、以输出为驱动探索大学英语课程教学内容的创新与突破、基于中西文化教育的大学英语教学改革等多项大学英语教学改革研究。

经过15年的不懈努力，大学英语教学质量稳步提升，大学英语课程被评为校级精品课程和教育部农林基础教学指导委员会精品课程，大学英语教学团队被评为校级优秀教学团队，2010年成为教育部大学英语教学改革示范点。

纵观15年来的改革历程，在时间上可分为两大阶段，分别进行了两次重大的改革。这两次重要的改革都是紧跟教育部的部署，对提高我校大学英语教学质量起到了积极的推动作用。

（一）第一次重大改革：基于计算机的大学英语听说课教学模式和教学内容的改革（2004—2010年）

第一次重大改革是从2004级全面展开的“基于计算机的大学英语听说课教学模式和教学内容的改革”。

随着全国大学英语教学改革的不断深入，特别是2003年教育部启动大学英语教学试点工作，我校大学英语教学改革迎来了真正的春天。教育部批准了我校大学英语试点院校的申请，学院积极组织教改，学校给予了大量投入，全面改善教学条件和教学设备并设立教改立项，以项目为驱动，全面开展教学改革，从人才培养模式、课程建设、教学模式、教学方法与手段、教材建设、考核方式、网络学习环境建设、教学队伍建设、教学管理等方面进行了一系列的教学改革研究与实践。

针对农林院校农村生源多、听说能力普遍偏低的问题，以教育部大学英语教学改革项目“对基于计算机的大学英语听说教学模式和内容的实践与研究”为依托，重点进行了计算机环境下听说课教学模式和教学内容的改革与实践，对如何提高学生自主学习能力，如何确保学生上机学习效果以及教师面授方式、教学内容的与时俱进、教学效果的考察等方面进行了系统的研究，确立了“基于课堂教学的大学英语读写译”+“基于计算机的大学英语视听说”+“教师小班面授辅导”的新型教学模式。学校投入上千万元，用于交互型多媒体实验室、语言实验室和大学英语网络教学平台建设，并将新图书馆中的

196 台计算机拨给大学英语教学使用。从 2004 年 9 月开始，新生全部进入计算机辅助教学的教改模式。

在教学过程中以精品课程建设为依托，以创建“五个一流”为目标（一流师资队伍、一流教学内容、一流教学方法、一流教材、一流教学管理），采用了大班授课与小班面授辅导相结合、课堂教学与开放式上机自主学习相结合、第一课堂知识输入与第二课堂任务输出相结合、基础必修与高级选修相结合的“四位一体”的全新教学方式，构建了富有北京林业大学特色的大学英语课程体系，体现了“深化基础，拓宽选修；课内优化，课外强化；教师主导，学生主体，点线面结合”的特色，使我校大学英语教学朝着分层次、个性化、自主式的方向发展。

2007 年，在基础阶段教学质量逐年稳步上升的基础上，为配合素质教育的开展，大学英语又开始了四级后提高阶段全校公共选修课程设置和教学内容的改革，为全校本科生开设了三大模块、六个系列（英语国家文化、英美文学、实用英语、翻译写作、商务英语、英语话中华）共 18 门选修课程，极大地丰富了提高阶段的大学英语教学内容，有效地保证了大学英语教学的有效性和有序性。

这些探索与研究对大学英语教学改革中如何提高学生的英语运用能力尤其是听说能力这一瓶颈问题提供了切实可行的解决方案，具有广泛适用性、一定推广性和较强可操作性，取得了令人瞩目的成绩。于 2007 年和 2008 年分别荣获林业大学优秀教学成果一等奖和北京市优秀教学成果二等奖。2010 年成为教育部大学英语教学改革示范点院校，以此为契机，进一步推动了我校大学英语教学改革向纵深发展。

（二）第二次重大改革：基于中西文化教育的大学英语教学改革（2011 年至今）

第一阶段的大学英语教学改革取得了显著成效，教学质量稳步提高，为深入研究和可持续性发展奠定了良好的基础。

随着国家需求、社会需求和学生需求的变化，大学英语教学面临着发展的关键时刻，高校师生、外语教育界及社会各界对大学英语教学纷纷表达不同层次、不同角度的期望和要求，提出各种思考和建议。面对新形势、新要求、新发展、新挑战，大学英语教学改革需要进一步创新和突破，要明确新形势下大学英语课程的性质与内涵，要创新课程体系，改革教学内容和教学手段。新形势下的大学英语课程不仅是一门语言基础课程，也是拓宽国际化视野、了解世界文化、弘扬中华文化的素质教育课程，兼具工具性和人文性。

在这一改革理念的指导下，为了推动大学英语教学改革向纵深发展，作为示范点学校，外语学院积极思考进一步改革的方向。党的十八大之后，为响应党中央关于建设社会主义文化强国、增强中华文化国际影响力的号召，为贯彻教育部《完善中华优秀传统文化教育指导纲要》中对大学阶段推进中华优秀传统文化教育，把中华优秀传统文化教育系统融入课程和教材体系的要求，2012 年，我校大学英语开始了新一轮教学改革，确立了“基于中西文化教育”的大学英语教学改革新思路，在大学英语课程中融入系统的西方文化和中国文化知识；在北京地区高校中率先开设了“英语话中华”系列课程；开展了“以输出为驱动，探索大学英语课程教学内容的创新与突破”和“基于中西文化教育的大学英语教学改革”两项重点研究课题。在教学过程中，以项目为驱动，以内容为依托，以加强课程内涵建设为重点，以提高学生用“英语话中华”的表达能力和通用学术英语技能为突破口，增强青年学子传承、弘扬中华优秀传统文化的责任感、使命感和“向世界说明中国”的能力；增进对中外文化异同的意识，培养跨文化交际能力，实现语言与文化两个层面的输出，使其能为“中华文化走出去”和“完善中华优秀传统文化教育”的当代大学生做出应有的贡献。

为了更好地实现这一教学目的，我们组织编写并由北京大学出版社出版了高等学校本科英语教改新教材，包括“英语话中华”“西方文化”和“学术英语”三个系列，逐步形成了具有时代特色、与时俱进的校本教材体系，取得了广泛的社会影响和良好的市场效益，目前全国已有30余所高校在使用我校主编的这套系列教材。《中国当代社会与文化英文教程第二版》于2015年荣获了第四届中国大学出版社图书奖优秀教材一等奖。

三 结语

我校大学英语教学改革无疑是成功的，体现了党的十八大以来强调加强文化软实力建设和“让中国文化走出去”的精神，取得了突破性进展。事实证明，改革之后的大学英语教学加快了教学理念和教学方法的转变，增强了教师从事教改研究与实践的热情，提高了学生的学习兴趣和积极性，从而使学生的英语水平和语言能力得到了长足的发展，教学质量稳步提高。全国大学生英语竞赛成绩位于北京市高校前列；国家英语四级考试通过率出现了较大幅度的提升，从21世纪之初的49.3%提高到目前的90%。近几年在全国大学生英语竞赛决赛中全部参赛选手均获特等奖和一等奖，在北京市各类英语演讲比赛中也都取得了前10名的好成绩。这些成绩表明，我校学生无论在统考还是在英语应用能力方面都已进入北京地区先进院校的行列。

我校这一改革成果，得到了专家和北京市高校同行的肯定。北京市大学英语研究会和北京大学出版社联合在我校举办了“北京地区高校英语话中华课程研讨会”，我校做了主旨发言，并为与会代表进行了中国当代社会与文化和中国古代社会与文化两本教材的观摩示范课。与会的教育部联络组负责人、北京大学、清华大学同行专家肯定了我校大学英语教学改革的思路，对我校进行的大学英语课程改革和推出的教材给予了较高评价，一致认为北京林业大学在新一轮的大学英语教学改革中走在了前列。这一教改理念得到了教育部大学英语教学改革办公室及大学英语教学指导委员会的认可，即将正式颁发的新版《大学英语教学指南》也体现了这一教改理念。

英语教学团队建设的探索与实践

訾　缨　李　芝　史宝辉

加强教师队伍建设，建设高水平的教师队伍是保证高等教育质量的关键。2007年，高等学校本科教学质量与教学改革工程明确提出加强本科教学团队建设、重点遴选和建设一批教学质量高、结构合理的教学团队，建立有效的团队合作的机制，推动教学内容和方法改革和研究的方针政策，探索有效的教学方法①②。目前，高校教师团队建设仍处在发展阶段，而大学英语作为高校基础学科，虽然师资队伍庞大，但团队力量相对薄弱。然而，大学英语面临的教学任务艰巨，社会影响面广，意义重大③④。北京林业大学经过多年的研究和实践，努力探索创新型的大学英语教学团队建设，教学改革效果显著。本书以此个案研究为依据，希望能为今后大学英语教学团队模式的拓展提供有益的借鉴。

一　综述

英语课程是目前高等学校学生的必修课程。英语任课教师所面对

---

① 马廷奇：《高校教学团队建设的目标定位与策略探析》，《中国高等教育》2007年第11期。

② 周燕：《中国高校英语教师发展模式研究》，《外语教学理论与实践》2008年第3期。

③ 王海啸：《大学英语教师与教学情况调查分析》，《外语界》2009年第4期。

④ 刘惠琴：《融合与创新：研究型大学科研团队运行模式剖析》，《清华大学教育研究》2005年第5期。

的教学对象人数最多、授课时数最多、时间最长，与学生接触最密切，外语教学质量的好坏直接关系到学生对学校的满意度和学校的社会声誉。因此，外语学院建院伊始就把教学团队建设视为学院工作的重中之重。教学团队自 2001 年组建以来，始终紧跟时代的发展，积极参与大学外语教学改革的研究与实践，注重社会需求人才的培养和教学质量的提高，扎实系统地推进课程建设和教学改革工作，开创了我校外语教学改革的新局面，2007 年和 2015 年两次荣获校级优秀教学成果一等奖，2008 年获北京市优秀教学成果二等奖。大学英语成为教育部大学英语教学改革示范点院校，英语专业成为教育部高等学校特色专业建设点，大学英语、英语语言文学、翻译三支教学团队是校级优秀教学团队。

二　英语教学团队现状

截至 2016 年 9 月，英语教学团队有主讲教师 79 人，承担了外语学院 2 个本科专业，3 个硕士专业和全校各专业的本科生、硕士生和博士生英语课程教学。团队由外语学院院长担任学术带头人，教学骨干队伍由 6 名正教授、34 名副教授、17 名博士，4 名在读博士组成。团队老中青结合，年龄、梯队结构合理；青年教师都具有研究生学历。多数教师处于 40 岁左右的黄金年龄段，既积累了一定的教学经验，又年富力强，是教学的中坚力量。高级职称教师比例超过 50%，具有较强的业务水平和教学科研能力。团队骨干教师大多具备国外留学、访学和进修经历。曾在国内外不同院校进行不同层次的学习。教师的学位专业和研究方向涉及语言学、应用语言学、英美文学、翻译、比较文学、语言测试、英语教育、美国史、世界史；知识结构合理，学缘结构良好；覆盖了英语课程要求的主要知识点和教学内容，适合课程的均衡性和综合性要求。

英语教学团队具有良好的可持续性发展态势和潜力。教师团结奋进，具有强烈的团队协作精神与改革创新意识；注重教学科研工作与教材建设的开展，在改革创新中求生存、谋发展。团队中有全国教育系统劳动模范1名，全国优秀教师奖1名，北京市教学名师奖1名，北京市优秀教师奖2名，宝钢优秀教师奖4名，北京市高校青年英才计划2名，入选教育部新世纪优秀人才支持计划1名、北京市师德先进个人2名，北京市高校青年教师师德标兵1名，首都教育先锋先进个人1名；校级教学名师奖1名，“家骐云龙青年教师教学优秀奖”获得者5名。全国及北京市青年教师教学基本功比赛、讲课比赛等获奖者5名。

团队教师教学风格生动活泼，激情洋溢；教学方法与手段灵活多样，传统与现代兼收并蓄，教学内容与时俱进，受到学生的喜爱。

三　英语教学团队建设模式

教师队伍建设一直是外语学院工作的重中之重。20世纪末期，我校外语师资匮乏，90%以上为本科学历，教师学历层次低是当时亟需解决的问题。

（一）坚持培养与引进结合，渐次优化的外语师资培养模式

2001年，外语学院成立伊始，就把师资队伍建设和青年教师培养列为学院的头等大事来抓，通过大批引进人才逐步组建了新型的大学英语教学团队。党委书记和院长亲自负责人才引进和青年教师的岗前培训，每名青年教师配有指导教师一名，负责教学督导和人才培养。2001年以后进入的50余名新教师均具有硕士研究生及以上学历，或副高职以上职称，使外语师资队伍由90%以上的本科学历，优化为目前90%以上的硕士研究生及以上学历；高级职称教师比例达50%以上。外语学院和大学英语教学部制订有详尽的教学队伍建设规划、大学英语青年教师培养规划和具体培养方案，主要采取了以下措施：

1. 健全教师培训体制，采取“培养与引进”相结合的方式

外语学院成立以来，引进了具有正高职称的教师 2 名；具有博士学位的青年教师 4 名；使英语教学团队的学历层次和学缘结构更加合理；在人才引进的同时，积极鼓励青年教师在职攻读博士学位、进修、国内外访学，目前已获博士学位者 17 名，在读者 4 名；全面提高了教学队伍的学历层次，优化了师资队伍的整体知识结构和业务水平，促进了我校大学英语教学的可持续发展。

组织大学英语骨干教师参加了学院组织的暑假英国短期学术访问，听取了关于第二语言习得和英语教学新进展方面的系列专题学术讲座；全体大学英语教师分批次参加了外语教学与研究出版社、上海外语教育出版社、高等教育出版社等组织的各类教学教改研修班；学院每学期都举办学术讲座，聘请国内外专家学者来校讲学，还聘请了外语界知名专家为兼职教授和学术委员会校外委员。

2. 优化教师队伍的学缘结构，组建不同研究方向的教学科研团队

目前，外语学院有大学英语、英语语言文学、翻译三支校级优秀教学团队，并有语言学、英美文学和商务英语三个校级青年科技团队。自 2009 年起，学校“中央高校基本科研业务费专项基金”项目连年对 40 岁以下的英语青年教师和青年教学科研团队给予了较大幅度的科研资助，至 2014 年累计金额近 200 万元；学校与国家留学基金委一比一资助青年教师出国进修一年的项目每年保证给外语学院 1 个名额；对于教师在职攻读博士学位的，全校报销部分学费。

3. 加大资金投入力度，鼓励教师进修学习提高业务水平

外语学院鼓励青年教师努力提高业务水平和教学科研能力。2004 年以来，累计投入经费 230 余万元，其中：出国进修、访学经费 40 万元；短期出国培训 126 万元；国内进修、访学 8 万元。此外，每年都拨出 10 万元经费用于青年教师科研奖励。青年教师教学科研成果逐年上升，为英语教学的可持续性发展奠定了坚实的基础。

（二）坚持“项目引领、任务驱动”的团队建设模式

2001 年 1 月成立外语学院，开始了大学英语教学改革，始终坚持“项目驱动”，从人才培养模式、课程建设、教学模式、教学方法与手段、教材与教学资源建设、考核方式、网络学习环境建设、教学队伍建设、教学管理等方面进行了一系列教学改革研究与实践，取得了良好的效果。

大学英语教学团队近年来承担了教育部大学英语教改项目 2 项；北京市与在京高校共建项目 3 项；北京市教学名师团队建设项目 1 项；北京市精品教材建设立项项目 2 项；国家十一五规划教材项目 2 项；校级精品课程建设，优秀教学团队建设和各类教改、教材建设，视频公开课等各类项目 20 余项。简述如下。

2002 年 7 月，为探索适合校情特点的双语教学之路，启动了“大学时公共英语课程教学模式与教学内容改革的理论与实践”大学英语教学改革方案。以教学模式、教学方法和教学手段的改革为突破口，以学时密集、时限缩短为主要特色，从视听说和读写译两大方面对学生进行强化训练，为四级后专业课双语教学做好准备。

2003 年，教育部启动大学英语教学试点工作，我校成为首批教改试点院校。从 2004 年 9 月开始，主持研究了教育部大学英语改革拓展课题——“对基于计算机的大学英语听说教学模式的实践与研究”等一系列教学改革研究项目，开展了基于计算机的大学英语听说课教学模式改革。取得了令人瞩目的成绩。该项目于 2007 年获校级优秀教学成果一等奖，2008 年获北京市优秀教学成果二等奖。

以此为契机，2008—2009 年开始了“大学英语精品课程建设和优秀教学团队建设”，推动大学英语教学改革向纵深发展。经过近十年的不懈努力，大学英语课程被评为校级精品课程和教育部农林基础教学指导委员会精品课程，大学英语教学团队被评为校级优秀教学团队。

2010 年，我校成为教育部大学英语教学改革示范点院校，以此

为契机，进一步推动了我校大学英语教学改革向纵深发展 。在建设示范点过程中，我们重点开展了以下教改研究项目。

2010 年和 2013 年进行了两期大学英语分级教学模式的研究与实践，本着“以学生为中心”的教学理念，提出了适合我校特点的大学英语分级教学方案。使不同层次的学生在各自不同的起点上分别进步，从而达到全面提高大学英语教学质量和教学效益的最终目的。

2011 年，针对以往外语文化类公共选修课课程考试各自为阵，随意性较大的问题，开展了“外语文化类全校公共选修课考试模式的研究与实践”，尝试在课程模块框架下，进行相对统一、规范的考核方式的设计和实践，逐步形成模块内各门课程可借鉴和使用较为完善的外语文化类公选课考试模式和评价机制，推动了考试内容与考试方法同步改革，促进了大学英语教学改革的可持续性发展。

2012 年党的十八大之后，为响应党中央关于建设社会主义文化强国、增强中华文化国际影响力的号召，为贯彻教育部《完善中华优秀传统文化教育指导纲要》中对大学阶段推进中华优秀传统文化教育，把中华优秀传统文化教育系统融入课程和教材体系的要求，针对长期以来外语教学偏重西方文化的传播，忽视以英语为载体进行中华文化传播的问题，提出了在大学外语教学中融入中国文化内容的教改理念，在北京地区高校中率先开设了“英语话中华”系列课程；于 2013 年和 2014 年相继启动了“以输出为驱动，探索大学英语课程教学内容的创新与突破”和“基于中西文化教育的大学英语教学改革”研究课题（包括两项北京市支持在京中央高校共建项目，三项校级教改研究课题）。研究的重点是探索课程教学内容的创新与突破；研究目标是通过外语课程的学习，增强青年学子传承、弘扬中华优秀传统文化的责任感、使命感和“向世界说明中国”的能力；培养跨文化交际能力，使其能为“中华文化走出去”做出当代大学生应有的贡献，也为我校确立独具特色的大学外语教学内容建立广阔的平台。具体实施方案是：在教学中以内容为依托，通过对中国文化最具特色的内容进行深入浅出的介绍，展示古代中国的灿烂文化和当代社会的丰富内涵，引导学生领悟中国文化的精髓，培养文化意识与思辨能力，学会使用规范、流畅、得体的英语表达方式将中国传统与当代社会、政治、经济、教育、文化领域的话题进行话语构建和表达，向世界展示中国的多彩文化，实现语言与文化两个层面的输出。这一教改理念与实践紧密结合党的十八大以来党中央提出的“中国文化走出去”战略和“向世界说明中国”的要求，取得了教育部农林基础教学指导委员会的认同。

2015 年，根据《教育部办公厅关于印发〈精品资源共享课建设工作实施办法〉的通知》及《教育信息化十年发展规划（2011—2020 年）》的相关要求，为英语教学进一步走向信息化、数字化和网络数据库建设时代，争取以更高效、更快捷的方式传播知识，弘扬文化，我们成功申请了一项北京市共建项目——精品视频开放课“英语话中华：中国古代和当代社会与文化”，两项校级教改项目“外语教学网络资源库建设与研究”和“大学英语中西文化课程教学网站建设”，积极进行网络视频公开课建设的理论探索与实践，构建我校大学英语中西文化课程网站、建设精品视频开放课和系列微课，满足师生对基于中西文化教育理念的大学英语课程教与学的需求。

2016 年，就如何进一步调整本硕博人才培养理念，构建衔接本、硕、博三个阶段的英语教育以培养适应新形式发展需要的高素质专门人才的问题，开展了“本硕博英语一条龙教育体系”研究，从学术英语课程体系建设、文化英语课程体系建设、英语通识课程体系建设、网络数据库建设和大学英语的学科建设等五个方面展开了全方位的建设和研究工作，努力创建符合外语学习规律和我校校情特点、科学合理的“本硕博英语一条龙教育体系”，以适应不同专业、不同层次的人才培养需要，为学生的终身发展奠定坚实基础。

（三）坚持“以研促教，教研促建”的团队建设方向

英语教学团队自 2001 年组建以来，始终具有强烈的忧患意识与锐意进取精神。一直紧跟全国外语教学改革的步伐，注重自身科研水

平和业务能力的提升，在不断地教学研究中求生存、谋发展、促提高。

1. 教学能力与科研水平的提升

大学英语任课教师所面对的教学对象人数最多，英语教学质量的高低关乎学校的声誉和生存，英语教学团队建设的首要任务就是全面提升师资队伍的教学能力。学校和学院分别建立了完善的教师教育教学考评体系。学院对教师采用了学生评价、同行评价、学院领导评价三位一体的教学评价机制，近年来，学院所有任课教师的教学评价分数都达到了学校规定的要求。

采取的具体措施如下所述。

（1）每学期都进行严格的期中教学检查，学院领导班子成员全部下到课堂听课、进行教学检查，组织各类学生座谈会，听取学生对教学工作的意见和建议并及时进行反馈。

（2）狠抓教学基本功训练。每学期都组织全体教师进行教学观摩和交流，开展讲课比赛活动，以此激励教师努力提高自身业务水平和授课能力；从而确保课堂教学质量和教学效益。

（3）鼓励教师们在教学中大胆探索、改革与创新，申报各类教学改革项目。学院每年都有 10 万元左右的经费投入用于教学研究奖励。

（4）教师的授课能力和学生评价与专业技术职称评审挂钩。学生评教分数低于 80 分的教师三年内不得申报上一级职称。

（5）出台具体措施，鼓励教师在职攻读博士学位。目前已有 17 人学成，获得了博士学位，还有 4 人在读博士学位。

在一系列奖惩措施的激励与推动之下，广大教师都能以积极、主动的态度努力学习、钻研，提升自身业务水平和授课能力。教师队伍的整体素质不断提高，在全国和北京市以及学校各类教学技能比赛中摘金夺银，频获佳绩。

2 名教师获得北京市教学名师光荣称号；1 名教师入选 2010 年教育部“新世纪优秀人才支持计划”，2 名教师入选北京高等学校青年英才计划，1 名教师荣获北京林业大学北林青年学者光荣称号；4 名教师获得教育部宝钢优秀教学奖。

2010—2016 年，共有 6 名青年教师分别获得“外教社杯”全国大学英语教学比赛北京赛区视听说组决赛特等奖、一等奖和二等奖，综合组一等奖和二等奖；2 名教师获得北京市高等教育学会研究生英语教学研究分会第五届青年教师教学基本功竞赛特等奖和一等奖；5 名教师获得“家骐云龙青年教师教学优秀奖”，3 名教师获得“北京林业大学青年教师教学基本功比赛”二等奖。大学英语成为教育部大学英语教学改革示范点院校，英语专业成为教育部高等学校特色专业建设点。

在努力提高教学能力的同时，团队教师始终注重自身科研水平的和业务能力的提升，具有强烈的忧患意识与锐意进取精神。17 教师在职攻读并获取了博士学位，4 名教师正在攻读。

团队内所有教师全部投身于教学改革与研究中，积极参加各级各类教学改革与研究项目，每年申报项目数在全校各教学团队中名列前茅。近年来，中青年教师以文学与文化、语言学与应用语言学两大科研团队为基础主持国家社会科学基金项目 1 项、参与 3 项，省部级项目 2 项；“中央高校基本科研业务费专项基金”课题 30 多项，加上各种横向项目，共获得科研经费 200 多万元。

2010 年以来，外语学院教师发表教学科研论文 200 余篇，其中 CSSCI、EI 及核心刊物论文 20 余篇。论文“形成性评估在中国大学非英语专业英语写作教学中的运用”获北京市高等教育学会第六次优秀高教科研成果二等奖。出版专著 8 部。由外研社、北京大学出版社、中国人民大学出版社等业内著名出版社出版国家级规划教材、北京市高等教育精品教材立项项目教材、高等学校本科英语教改新教材系列等重点教材 20 余部，多媒体电子课件 5 套。2015 年，荣获第四届中国大学出版社图书奖优秀教材一等奖。团队教师科研水平的提升为新时期大学英语教学改革的深入研究和可持续性发展奠定了良好基础，极大地促进了我校大学英语教学质量的提高。

2. 以研促教，教学科研有机融合

教学是教师的天职。韩愈在《师说》中就指出，“师者，传道授业解惑也。”教师区别于其他职业的根本，就在于专门从事教育教学。如果说大学教师在教师这个职业中有什么特别之处的话，那就是，大学应根据自己的发展定位，要求教师必须在教学的同时，注重科研工作的开展——学科领域、方向研究和教学研究，以科研促进教学向更深、更高、更前沿的方向发展。现代社会和学生需要具有锐意创新、与时俱进意识的教师，只凭固有经验和满腔热忱去教书只能是“无源之水，无本之木”。不过，这种研究不是为了研究而研究，而是为了促进教学水平的提高和更好地教育学生。如果一个大学教师只做学术研究而不教学，或教学水平一般甚至较差，那他就不适合大学教师的工作。这一理念始终贯穿于外语学院的教学科研工作当中。

我校外语教学改革有良好的学科支撑。学校有“外国语言文学”一级硕士学科授权点，以外国语言学和应用语言学、英语语言文学两个二级学科和翻译硕士专业学位授权点为支撑；大学英语是教育部大学英语教学改革示范点院校，英语专业本科是教育部评估优秀专业、国家级特色专业建设点。副教授以上的教师中有32位是硕士生导师，英语专业、商务英语专业和大学英语教师互相支援，互开课程，共同承担一些教改和科研课题。团队教师积极参与科研活动，科研水平的提高又极大地促进了教学质量的提升，形成了以科研促进教学的激励机制。教师将最新科研成果应用于教学过程，加快学科前沿新知识的传播和普及，物化教学研究成果。教师所做的英语语言学研究、英语文学研究、英语国家文化研究，以及发表的论文和出版的专著都为教材编写和课堂教学打下了坚实的基础，部分研究内容直接应用于专业课程的教学和面向全校的选修课教学。

教学团队教学科研水平的提高确保了外语教学改革实践的可持续性。教师的积极反馈和建议，保障了课程体系中存在的任何不足都能够及时发现并适时改进，从而使我们的教学改革和团队建设沿袭了一条“持续优化、渐次完善”的发展历程。

（四）加强师德师风建设，注重团队教师教育与发展

如果说“才为师之本”，那么德就是师之魂，“德高为师，身正

为范”，师德是教师职业道德的灵魂，是教育艺术的基础和前提，加强师德师风建设是教育工作一个永恒的主题，也是外语教学团队建设必不可少的一环 。“教育大计教师为本，教师大计师德为本”，只有加强师德师风建设才能全面提升教育和教师的形象，为中华民族的伟大复兴打下最坚实的基础。因此，外语学院一贯重视师德师风建设，把教书育人放在一切工作的首位。要求每一位教师做好表率，以“传道、授业、奉献”为己任，视“正己、爱生、敬业”为天职。

师德师风建设具有很强的时代性和针对性，也会随着时代的发展而不断增添内涵。因此，英语教学团队在师德师风建设过程中，按照“知山知水，树木树人”的校训精神，努力按照时代的要求，去认识、丰富师德的内涵，提升师德的境界，使师德得以与时俱进；与此同时，在各项实际工作中将师德外延拓展，落到实处。教师的师德素养是在长期的教学工作中磨炼和培养出来的，是在个人的教育教学实践中不断升华的，外语教学团队通过组织各种活动，促进教师不断加强个人修养，陶冶个人情操，提高师德水平。

近年来，教育系统涌现出了许多师德楷模，我们学校也有许多爱岗敬业、教书育人的先进典型。榜样的力量是无穷的，在团队建设过程中，注重用身边的先进人物和先进事迹来引领教师、感染教师、熏陶教师，使优秀师德师风有了具体标准和的学习榜样。

师德师风建设是一项复杂的系统工程，健全的规章制度是提高约束力，增强凝聚力的主要机制。为此，外语学院通过科学制定和逐步完善各项规章制度规范教师行为，坚持用科学的理论和制度来引领广大教师牢固树立“育人为本、学术至上”的理念，倡导爱岗敬业、爱校爱生、积极向上的教风。

2009 年，学院起草《关于加强师德建设的意见》，2011 年颁布《外语学院师德规范》，把师德建设作为日常工作常抓不懈。以“学为人师，行为典范”为准则，在学院大力提倡“爱岗敬业、忠于职守、乐于奉献、永不言悔”的师德理念。

近年来，有两位教师分获北京市高校师德标兵和北京市高校青年教师师德标兵称号，1 人被评为首都教育先锋先进个人，1 人被评为北京市群众心目中的好党员。

四　结语

我校外语教学团队经过 15 年的建设，在结构优化，教研绩效、课程改革、建材和教学资源建设等方面取得了显著成效，积累了宝贵经验，为高校大学外语教学团队建设提供了有益的借鉴。

教学团队建设的最终目标是提高教学质量，而课堂教学质量的提高需要创新的理念和科学的实践。今后五年，我校英语语教学改革与团队建设将以先进的教学理论为指导，重点研究如何衔接本、硕、博三个阶段的英语教育，构建科学合理的“本硕博英语一条龙教育体系”。教学团队将从学术英语课程体系建设、文化英语课程体系建设、英语通识课程体系建设、网络数据库建设和大学英语的学科建设等五个方面展开研究与实践，创建层次分明、衔接连贯的学术英语体系，完善中西方文化英语和通识类课程体系，建立立体化的课程资源库和网络教学平台，以适应不同专业、不同层次的人才培养需要。该项目的顺利实施，必将对我国高校外语教学改革起到引领和促进作用。

大学英语课程体系及教学内容的创新与实践研究

李　芝　訾　缨　史宝辉

一　引言

随着《国家中长期教育改革和发展规划纲要（2010—2020年）》的印发，我国大学英语教学改革发展到了一个非常重要的阶段，“纲要”提出要深化教学改革，提高人才培养质量，要“培养大批具有国际视野、通晓国际规则、能够参与国际事务与国际竞争的国际化人才”。同时，党的十八大报告对扎实推进社会主义文化强国建设、推进中华文化繁荣和传播做出了全面部署。大学英语教学改革实施多年来，取得了显著成效，教学质量稳步提高，但随着国家需求、社会需求和学生需求的变化，大学英语教学又面临着发展的关键时刻，改革需要进一步地创新和突破。

新形势下的《大学英语》课程不仅是一门语言基础课程，也是拓宽国际化视野、了解世界文化的素质教育课程，兼具工具性和人文性。在这样的时代背景下，培养学生利用英语这一世界性语言作为媒介进行中华文化的传播，对提升中华文化的世界影响力，最终实现建设社会主义文化强国的目标能够起到巨大的推动作用。基于上述研究背景与《大学英语》的定位，我校大学英语课程体系建设以“输入、互动和输出模型”（Gass & Mackey，2007）①为理论依据，积极探索

① Gass，S. M.，& Mackey，A.，Input，interaction，and output in second language acquisition. In Vanpatten，B.，& Williams，J.（eds.），*Theories in Second Language Acquisition*，Mahwah，N. J.：Lawrence Erlbaum，2007：175-199.

新时期大学英语课程体系和教学内容的创新与突破。

二 大学英语教学发展面临的新形势

随着学生通用英语技能的不断提高，大学英语教学中新的问题也不断涌现，这些问题主要表现在两个方面。

首先，长期的英语教学偏重西方文化的传播，却忽视了以英语为载体来进行中华文化的传播，学生甚至无法用英语和外国人就中国文化与社会相关内容进行简单的交流。语言本身是文化的载体，在文化传播方面起着至关重要的作用。从实践意义上来说，以英语为载体进行中华文化教学能够加强大学生对中华文化的理解与认同，扩大其国际化视野，使其能以规范、得体、流畅的英语表达方式对外介绍、弘扬中华文化，展现今日中国风采和中华民族风貌，让世界更好地了解中国。

其次，通过基础阶段的大学英语教学之后，高年级学生普遍面临学术英语水平不高的特点，文献阅读速度慢，缺乏学术论文写作的基本常识等问题逐渐凸显出来。高等学府是学术研究的殿堂，其根本属性在于它的学术性，因此学生学术能力的培养与提升应成为高校人才培养的中心任务，这种能力无论对大学生继续深造学习、进行学术研究还是直接就业都是至关重要的。在学术能力的培养上，大学英语教学具有义不容辞的责任，在课程设置和教学内容的改革中应有机地融入学术英语能力培养的元素。

随着国家需求、社会需求和学生需求的改变，大学英语教学又面临着发展的关键时刻，改革需要进一步创新和突破。新形势下的大学英语课程不仅是一门语言基础课程，也是为学生未来的学术研究打基础、拓宽国际化视野、了解世界文化的素质教育课程，兼有人文性和工具性。新时期我校大学英语教学的发展方向主要以“输入、互动和输出模型”为理论依据，进行深层次的大学英语教学改革，探索课程教学内容的创新与突破。结合外语习得的实际环境，我校在教学过程中致力于给学生提供可理解的最佳语言输入量，通过教学互动反馈环节，强化学生的语言信息输出能力。同时，语言的输入和输出活动不是互相独立的个体，而应该通过课堂和课外的语言互动活动有机地结合起来。语言输出具备注意触发功能、假设检验功能和元语言反思功能①，因此教师应该多提供机会让学生参与产出性活动，引导学习者在意义的交流过程中提高对语言形式的注意。语言学习不是一个从输入、互动到输出的线性过程，而是交际双方的交流过程，学习者参与互动可以提高对语言输入和输出反馈的注意，提出假设、检验假设，形成系统的语言知识，进而调整中介语知识系统，改善语言输出，最终提高学习者的语言能力。②

在这个理念的指导下，我们致力于探索大学英语课程体系和教学内容的新突破，在高质量的语言输入前提下，增加学生的语言输出机会，提升学生口头和书面的语言输出能力和跨语言文化传播和交际能力，以适应我国社会发展和国际交流的需要，综合体现语言信息输出的人文性、工具性和专业性特点。

三 《大学英语》课程体系和教学内容的创新

教育部《完善中华优秀传统文化教育指导纲要》（以下简称“纲要”）指出要加强中华优秀传统文化教育，构建中华优秀传统文化传承体系，推动文化传承创新的重要途径。“纲要”对大学阶段推进中华优秀传统文化教育的要求以提高学生对中华优秀传统文化的自主学习和探究能力为重点，培养学生的文化创新意识，增强学生传承弘扬中华优秀传统文化的责任感和使命感。深入学习中国

① Swain, M., Three functions of output in second language learning. In Cook, G., & Seidlhofer, B. (eds.), *Principle and Practice in Applied Linguistics*. Oxford: Oxford University Press, 1995, pp. 125-144.

② Gass, S. M. Input and Interaction. In Doughty, C. J., & Long, M. H. (eds.), *Handbook of Second Language Acquisition*. Oxford: Blackwell, 2003, pp. 224-255.

古代思想文化的重要典籍，理解中华优秀传统文化的精髓，强化学生文化主体意识和文化创新意识；坚定为实现中华民族伟大复兴的中国梦不懈奋斗的理想信念。“纲要”还要求把中华优秀传统文化教育系统融入课程和教材体系。鼓励有条件的高等学校统一开设中华优秀传统文化必修课，拓宽中华优秀传统文化选修课覆盖面；加强中华优秀传统文化相关学科建设；同时组织知名专家编写多层次、成系列的普及读物。

正是在这一改革的大环境下，根据教育部“纲要”的要求，我校开设了《英语话中华》课程，由北京市教学名师、外语学院院长担任总主编组织编写，并由北京大学出版社出版了“英语话中华”拓展课系列教材，即《中国当代社会与文化综合教程》和《中国古代社会与文化综合教程》。这是一套以英语为媒介传播和弘扬中华文化的高等院校文化素质类通识课系列教材，旨在通过对中国古代和当代社会历史文化等方面的介绍以及相关英语表达方式的训练，加强大学生对中华文化的理解与认同，提高“向世界说明中国”的能力，使其能以规范、得体、流畅的英语表达方式对外介绍、弘扬中华文化，展现今日中国风采和中华民族风貌，让世界充分了解中国，增强中华文化的国际影响力。

教材编写和教学活动的原则分为三个层次：第一个层次注重语言的基础理解；第二个层次关注学生的思辨能力发展；第三个层次侧重语言输出能力的培养。通过以内容为依托，使学生在语言输出实践中学会使用英语将中国传统与当代社会、政治、经济、教育、文化领域的话题进行话语构建和表达。此外，我校计划在大学英语写作教学环节增加学术英语写作内容，着重培养学生的通用学术英语写作技能，为日后在英语学术环境中的学习和工作打下基础，为学生由普通英语学习转入专业英语学习架起一个桥梁，成为他们用英语进行专业学习和学术交流的有力支撑。

为了推动大学英语教学改革向纵深发展，我校从 2012 年启动了新一轮的大学英语教改方案，重点是课程体系和教学内容的改革。改革分为三个阶段进行。第一阶段为小规模实验阶段，2012 年经教务处批准，先在全校范围内开设了“英语话中华”公共选修课程，效果良好，学生选课人数多，学习积极性高。取得了初步经验后，经与教务处会商决定。第二阶段扩大试点规模，在 2012 级和 2013 级试运行新的课程内容改革方案，将基础阶段四个学期的新编大学英语教学内容压缩到三个学期完成，第三、第四学期加入提高课程“英语话中华”系列和“西方文化”，教学内容的改革进展顺利。第三阶段从 2014 学年起，按照学校新的人才培养方案，进一步修订、完善了我们的教改方案，在教学内容改革的基础上，按照教务处要求，进行课程设置的改革。基础阶段必修课除了大学英语基本语言技能课之外，增加“英语话中华”系列之中国当代社会与文化和中国古代社会与文化、西方文化和学术英语课程分别纳入大学英语大一、大二的四个学期的学习之中。结束基础阶段的学习之后，提高阶段学生可以选修系列选修课程。目前，我校共开设全校英语公共选修课 18 门。

四 结语

大学英语部自成立以来，始终紧跟全国大学英语教学改革的步伐，坚持“项目驱动”，在教学改革中求生存、谋发展、促提高，以国家需求、社会需求和学生发展为前提，根据具体的校情特点不断地调整教改方案、更新教学内容，取得了突破性进展。大学英语课程承担着提高学生综合人文素养的任务，即学生通过英语课程能够开阔视野，丰富生活经历，形成跨文化意识，增强爱国主义精神，发展创新能力，形成良好的品格和正确的世界观、人生观与价值观。同时，大学英语课程还要承担起培养学生基本英语素养和发展学生思维能力的任务，促进学生使用英语与他人交流的能力，进一步促进思维能力的发展，为今后继续学习英语和用英语学习其他相关科学文化知识奠定良好基础。人文性和工具性统一的英语课程有利于为学生的终身发展奠定了坚实的基础。同时在全球化的语境下，学生能够使用英语这一全球化语言作为媒介来传播、弘扬中华文化，让世界了解中国，让中国走向世界，促进跨文化交流，提升中华文明的全球影响力，增强青年学子的民族文化认同感和自豪感。

我校大学英语系列课程和教学内容教学改革方案紧跟时代旋律，响应了党的十八大关于建设社会主义文化强国、增强中华文化国际影响力的号召，紧扣全球化以及民族文化这一热点话题，兼顾大学英语教学改革兼具工具性和人文性的要求。课程教学内容的改革与时俱进，在输入、互动和输出整合模型的理念下，以提升学生语言输出能力为突破口，课程建设与质量工程建设、优秀教学团队建设同步进行，教学内容的创新研究与教材建设齐头并进，相辅相成，共同发展。本方案的实施，对满足新时期国家和社会对人才培养规格的要求，进行深层次大学英语教学改革，全面提高我校大学英语教学质量起到了积极的推动作用，对其他高校的大学英语教学改革和创新实践也有一定的借鉴意义。

研究生英语课程体系及教学内容的改革与实践*

李　芝　史宝辉　吴增欣

一　研究生英语课程改革背景

根据《非英语专业研究生英语教学大纲》的要求，研究生英语的教学目标是使学生掌握英语这门工具，进行本专业的学习、研究和国际交流。研究生阶段的目标是培养能够独立从事专门研究的高层次、高素质科研人才，使之能够撰写和发表符合国际标准的学术论文，参加国际学术会议交流。在此基础上，我校研究生英语教学的定位是为研究生的专业发展提供帮助，培养学生用英语进行学术研究、国际交流的语言能力，同时提高研究生的语言文化素养。然而，传统英语教学模式侧重基本语言技能训练，无法满足当代社会对研究型人才培养提出的新要求。基于当前社会和学生需求的变化和北京林业大学的专业特色，在“输入、互动和输出”理论的指导下，北京林业大学研究生英语课程从 2011 年开始进行逐步改革，将研究生英语课程从传统的侧重语言基本技能的教学模式转变为将英语学术论文写作和现代农林英语知识融为一体，以内容为依托，采用语言输出驱动语言学习的教学模式，开创了研究生英语教学改革的新局面。

* 本文曾发表于《中国林业教育》2016 年第 3 期。

二 研究生英语课程体系改革的理论基础

新时期我校研究生英语教学的发展方向主要以“输入、互动和输出模型”[①] 为理论依据，进行深层次的英语教学改革，探索课程教学内容的创新与突破。结合外语习得的实际环境，我校在研究生教学过程中致力于给学生提供可理解的最佳语言输入量，通过教学互动反馈环节，强化学生的语言信息输出能力。文秋芳[②]曾经提出通过语言输出活动驱动学习者语言的习得与语言知识发展的重要性，认为语言输出对外语能力发展的驱动力更大。语言输出具备注意触发功能、假设检验功能和元语言反思功能[③]，语言的输入和输出活动不是互相独立的个体，而应该通过课堂和课外的语言互动活动有机地结合起来。因此，教师在课堂教学中应提供尽可能多的机会让学生参与语言输出活动，引导学习者在意义的交流过程中提高对语言形式的注意。语言学习不是一个从输入、互动到输出的线性过程，而是交际双方的互动发展过程，学习者参与互动可以提高对语言输入和输出反馈的注意，提出假设、检验假设，形成系统的语言知识，继而调整中介语知识系统，改善语言输出，最终提高学习者的语言能力[④]。

在“输入、互动和输出”理论的指导下，研究生英语课程体系以内容为依托，在强调高质量的语言输入同时，注重语言输出驱动的学习过程。通过对研究生的英语学习需求进行问卷调查，我们发现，以培养研究生的学术英语写作和学术英语交流能力为出发点，以内容为

---

① Gass, S. M. Mackey, A. Input, interaction, and output in second language acquisition, Vanpatten, B. Williams, J. (eds.), *Theories in Second Language Acquisition*. Mahwah, NJ: Lawrence Erlbaum, 2007, pp. 175-199.

② 文秋芳:《输出驱动假设与英语专业技能课程改革》,《外语界》2008 年第 2 期。

③ Swain, M. Three functions of output in second language learning. Cook, G. Seidlhofer, B. (eds.), *Principle and Practice in Applied Linguistics*. Oxford: Oxford University Press, 1995, pp. 125-144.

④ Gass, S. M., Selinker, L., *Second Language Acquisition: an Introductory Course*. Routledge: New York, 2008, pp. 317-331.

依托的综合教学法比单项语言技能训练更符合研究生学术发展的需求。

三 研究生英语课程改革的目标和特点

（一）研究生英语课程改革目标

新的研究生英语课程体系旨在帮助学生掌握英语学术论文语言特点、篇章结构和写作要求，以了解英语学术论文写作学术规范和基本模式；培养学生综合运用所学的英语语言知识获取学术信息、进行学术创新和独立分析、解决问题的能力，以提高学生用英语撰写、发表学术论文并用英语进行学术交流的能力。同时，提高学生在学术领域中的英语应用能力，以各学科学生共同关心的农林前沿信息为语料，通过互动式课堂活动，培养非英语专业的研究生进行科技文章阅读，研讨和宣读学术论文的技能。

（二）研究生英语课程主要特点

总体来说，研究生英语课程的主要特点可以归纳为以下三个方面。

第一，教学内容上体现了校本特色和研究生的学术需求。研究生英语教研室主编并出版了具有鲜明特色的教材：《现代农林英语》和《英语科技论文写作》。《现代农林英语》以农林话题为纲，引发学生对话题的进一步讨论，并从中学习有用的功能用语和语言技能。《英语科技论文写作》以农林类学术研究论文为真实语料，将论文的组成部分分解为章节，帮助学生掌握英语学术论文的写作规范。

第二，以语言输出为导向。课堂教学环节为学生设置多种旨在提高学生语言应用能力的语言输出活动，并将课堂活动拓展至课外，增强学生自主学习能力；帮助学生提高学术论文撰写和参与国际会议、进行国际学术交流的能力，从而逐步提高学术英语交流能力。

第三，课程考核强调学习的过程性。学生的语言输出任务是课程形成性评估考核体系的重要组成部分，学生在学习过程中的课堂活动参与、学生展示、学生作业、模拟会议讨论、学术论文撰写等输出环节都是学生平时成绩的考量因素。

四　研究生英语课程体系改革的主要措施

（一）优化教学内容，完善知识结构

作为学术型硕士研究生的学位必修课，为了符合学生的学术发展需求，我们对课程的教学内容进行了优化，完善了课程的知识结构。研究生英语课程由学术论文写作和农林英语两部分组成。英语科技论文写作课程在理论上遵循语言学界关于科技论文普遍使用的 IMRAD 模式，以对论文通常的篇章结构逐节进行剖析的思路作为构建体系，以 SCI 论文作为真实语料，引导学生习得科技论文一般的语言规律。课程学术论文写作模块的教学主要包括学术论文概述、学术信息检索、学术论文题目及篇章结构、论文摘要写作、论文引言部分写作、论文研究方法写作、论文研究结果写作、论文图表和数据写作、论文讨论部分写作、参考文献和注释规范等。

现代农林英语模块遵从培养学生的英语综合应用能力、注重结合专门用途英语的学习原则，以农林业新理念、新技术、新发展为语料，融听、说、读、写为一体进一步提高英语学习者的语言技能，使他们在专业和英语方面双双受益。该课程的教学内容包括城市农业、林业管理、湿地、生物多样性、食品安全、低碳农业、城市规划、信息技术、园林建筑、生态文学等专题。考虑到选课学生来自不同的专业，学术背景不尽相同，选取的课文力争做到热点度和科普性兼而有之。

（二）改进教学方法，提高教学效果

研究生科技论文写作课堂教学与自主探究学习的结合是提高学生

科技论文写作水平的有效途径[①]。在教学方法上，我们以与农林类学术论文语料为内容依托，在高质量的语言输入的基础上，为学生创设多种有效的语言输出活动，从而提高学术英语运用能力。

科技论文写作教学模块包括学术语篇翻译、语料分析、按章节撰写学术论文和撰写完整学术论文等几种形式。这样的教学安排旨在加强学生对语篇结构、语言结构的深入认识，以培养学生分析问题和解决问题的能力。然后，围绕学术论文的篇章结构和语言特点布置切实可行的写作任务，锻炼学生逐步写出论文的每一个章节，在学习过程中了解研究的程序和任务，最终掌握撰写学术论文的写作方法和要领。通过互动式讨论，激发学生的学习兴趣，充分发挥学生的主动性和创造性，高质量地完成相关写作任务，建立撰写英文学术论文的信心。

现代农林英语专题实践要求每位学生根据专业特长，在多媒体手段的辅助下，以个人或小组形式阐述与专业相关的研究课题。学生在英文学术信息检索、分析、展示过程中提高自主学习和研究的能力，语言运用的能力，并在输出活动中逐步培养其运用英语的自信和团队精神。另外，教师在课上还为学生设置专题讨论、辩论、演说、模拟国际会议发表等活动。这些体验活动可以培养学生的合作精神，培养学生英语思考的习惯，提高学生的口语水平，进而在讨论中激发灵感和参与的热情，提高课堂效率。

（三）改善课程评估方式，注重能力的考核

研究生英语课程对学生的评价采取形成性评价和终结性评价相结合的方式，对学生的考评贯穿于整个教学过程，注重考查学生的学术英语应用能力。对学生在整个课程学习过程中进行多层次、多方面评价和量化，以评促学。教师对学生的评价方式包括学生互评、学生自评、教师评阅在内的多元评价。学生在课堂上参与讨论的情况、文献

① 孙蓝、陈纪梁：《研究生英语科技论文写作探究式学习体系的思考与构建》，《中国外语》2009 年第 7 期。

分析和汇报、论文章节撰写、同学论文互评、论文写作自我反馈等方面的表现均是课程综合成绩的考察对象。课程的最终成绩考核除了期末考试之外，还包括出勤、小组讨论、作业互评、作业修改以及期末所提交的独立撰写的学术论文。这种形成性评价和终结性评价相结合的考核方式能够有效地提高教师对学生的监督和指导，也为提高学生自主学习、独立探究能力提供帮助。

（四）促进课程多样化，丰富课程体系

为了进一步深化研究生英语教学改革，保证研究生英语教学的连续性、有效性和有序性，在研究生院和外语学院的支持下，研究生英语教研室从 2014 年开始探索研究生英语选修课课程的必要性和可行性。目前设置了“学术英语类”“语言文化类”“语言技能类”等三大选修课程模块，共计 8 门课程，即国际会议英语交流、学术英语阅读与翻译、西方经典文献阅读、西方文化专题、生态文学选读、英语话中华、英美影视赏析、高级英语测试。选修课的设置为学生提供了多样化的课程选择，在提高学生学术英语应用能力的同时，为学生文化素养的培养和提高提供了一个学习平台。在将来的教学计划中，还将积极地推进研究生英语课程资源建设，进一步完善课件和教辅资源，争取获得学校资助制作公开视频课，选择对优秀教师进行课堂教学实录并将录像资料上网，构建网络学习平台；同时将学生课堂演示、讨论、学术论文等优秀的作品发送到网络平台，为广大学生提供互相学习的机会，鼓励和激发研究生的学习积极性。

当然，本课程教学还存在一些需要继续改进的地方，比如大班教学学生水平参差不齐，如何协调和平衡不同水平学生学习进度就是需要进一步研究的课题。同时，语言输出能力的培养仍然是教学的难点和重点，教学方法和手段是一个值得不断探索的课题。此外，在网络教学兴起的大数据时代，如何进一步进行网络资源库建设来补充现有的教学内容和资源仍有待更深入的研究和探索。

五 研究生英语课程的教学成效

近年来，研究生英语教学团队坚持以时代发展和学生需求为本，从人才培养模式、课程建设、教学模式、教学方法与手段、教材建设、考核方式等方面进行了一系列的改革和实践，所取得的教学成效可归纳为以下三个方面。

第一，教材的开发与建设取得突破。针对市场上教材建设中层次不高、种类单一的现状，研究生英语教研室教学团队在长期的教学实践和积累的基础上，根据本校专业特色，在北京林业大学“211 工程”三期研究生创新人才培养建设计划的资助下，编写了《科技论文写作》和《现代农林英语》系列教材，2013 年由中国人民大学出版社出版，教材建设形成体系和特色，在同类院校中具有积极的示范作用，保障了人才培养模式的顺利实施。

第二，有效地提高了研究生学术英语运用能力。新的教学模式自 2011 年开始进行试点，受到了学生的欢迎和认可。近几年来，学生对本课程教师的教学评价平均分都在 95 分以上。在 2012 年至 2014 年发放的问卷调查结果表明，学生普遍认为课程能够结合专业知识开展写作或口语交流的专门训练，可以有效地提高英语表达的准确性和得体性，其学术论文写作和国际学术口语交流能力也得到显著提高。经过最近三年的积累，北京林业大学硕士研究生使用英语撰写和发表 SCI、EI 论文的比例逐年提高，为学校培养了一批具有丰富的专业英语基础、扎实的英语学术论文写作能力，具有国际视野的林业拔尖创新研究型人才。

第三，研究生英语课程改革促进了教师自身的发展。研究生英语教学团队在教学改革过程中，采用集体备课、课前试讲、互相听课等教研活动，积极改进教学方法，不断优化教学内容，在此过程中锻练和提高了教师的自身教学能力。目前，我校研究生英语教学在北京市处于领先水平，团队成员在新的教学理念和教学模式指导下，在教材建设、教学内容、教学方法、教学手段等诸多教学环节进行了深入的探讨和实践，取得了一系列优秀的教学成果，在各级各类教学基本功比赛中屡获佳绩，主要获得的教学成果有：2014 年和 2015 年连续两年获得北京市第五届、第六届研究生英语青年教师教学基本功比赛特等奖；2014 年研究生教学团队获得中国首届外语微课大赛北京市三等奖；2010 年获得北京市第二届研究生英语青年教师基本功比赛一等奖等。同时，教师指导学生积极参加北京市研究生英语演讲比赛，2011 年和 2012 年两次获得北京市一等奖，这些成绩充分肯定了研究生英语教学团队的教学效果。

中篇　教学模式、教学方法探索与教学资源构建

基于中西文化教育的大学英语校本教材建设研究

李　芝　訾　缨　史宝辉　朱红梅

一　背景概述

大学英语教学改革实施多年以来，取得了显著成效，教学质量稳步提高，但随着国家需求、社会需求和学生需求的变化，大学英语教学又面临着发展的关键时刻，高校师生、外语教育界及社会各界对大学英语教学纷纷表达不同层次、不同角度的期望和要求，提出各种思考和建议。面对新形势、新要求、新发展、新挑战，大学英语教学改革需要进一步创新和突破，要明确新形势下大学英语课程的性质与内涵，创新课程体系，改革教学内容。新形势下的大学英语课程不仅是一门语言基础课程，也是拓宽国际化视野、了解世界文化、弘扬中华文化的素质教育课程，更是高等学校人文教育的一部分，兼具工具性和人文性双重性质。

《大学英语教学指南征求意见稿》（2015）指出，大学英语课程是基础教育阶段英语教学的提升和拓展，承担着培养学生基本英语素养和发展学生思维能力的任务。就人文性而言，大学英语课程重要任务之一是进行跨文化教育，即学生通过英语课程能够开阔视野，增进对不同文化的理解、对中外文化异同的意识，培养跨文化交际能力，增强爱国主义精神。大学英语的工具性体现在“与专业或未来工作有关的学术英语上，获得在学术领域进行交流的相关能力”。工具性和人文性统一的大学英语课程才能为学生的终身发展奠定坚实的基础。

此外，2014 年教育部颁发《完善中华优秀传统文化教育指导纲要》（简称“纲要”）[1]，指出加强中华优秀传统文化教育，是深化中国特色社会主义和中国梦宣传教育的重要组成部分；是构建中华优秀传统文化传承体系，推动文化传承创新的重要途径；是培育和践行社会主义核心价值观，落实立德树人根本任务的重要基础。“纲要”对大学阶段推进中华优秀传统文化教育的要求是：以提高学生对中华优秀传统文化的自主学习和探究能力为重点，增强学生传承弘扬中华优秀传统文化的责任感和使命感；深入学习中国古代思想文化的重要典籍，理解中华优秀传统文化的精髓；强化学生文化主体意识和文化创新意识；坚定为实现中华民族伟大复兴的中国梦不懈奋斗的理想信念。“纲要”还要求把中华优秀传统文化教育系统融入课程和教材体系；鼓励有条件的高等学校统一开设中华优秀传统文化必修课，拓宽中华优秀传统文化选修课覆盖面；加强中华优秀传统文化相关学科建设；组织知名专家编写多层次、成系列的普及读物。

正是在这一改革的大环境下，我校开始实施了“基于中西文化教育的大学英语教学改革”方案。根据“纲要”的要求，我校开设了“英语话中华”课程，由北京市教学名师、外语学院院长史宝辉教授担任总主编组织编写了“英语话中华”系列教材，即《中国当代社会与文化英文教程》和《中国古代社会与文化英文教程》，并在北京大学出版社出版。这是一套以英语为媒介传播和弘扬中华文化的高等院校文化素质类通识课系列教材，旨在通过对中国古代和当代社会历史文化等方面的介绍以及相关英语表达方式的训练，强化青年学子对中华文化的理解与认同，增强其传承弘扬中华优秀传统文化的责任感和使命感，提高“向世界说明中国”的能力，使其能以规范、得体、流畅的英语表达方式对外介绍古老中国之传统、展现今日中国之风采，让世界充分了解中国，为完成“中华文化走出去”之大业使当代大学生做出应有的贡献。

---

① 教育部：《完善中华优秀传统文化教育指导纲要》，http：//www. moe. edu. cn/publicfiles/business/htmlfiles/moe/s7061/201404/166543. html. 2014。

二　基于中西文化教育的大学英语教学改革动因

我校的大学英语教学改革自21世纪初以来已经有了很大的起色，取得了根本性的改变，教学质量稳步提高，为大学英语教学深入研究和可持续性发展奠定了良好的基础。但是，随着学生通用英语技能不断提高的同时，新的问题也不断涌现，这些问题主要表现在两个方面。

首先，长期的英语教学偏重西方文化的传播，却忽视了以英语为载体来进行中华文化的传播，学生甚至无法用英语和外国人就中国文化和中国社会进行简单的交流。如何强化青年学子对中华文化的理解与认同，增强其传承弘扬中华优秀传统文化的责任感、使命感和向世界说明中国的能力，为完成“中华文化走出去”之大业使当代大学生做出应有的贡献，这是大学英语教学急需研究解决的第一个问题。

其次，通过基础阶段的大学英语教学之后，高年级学生普遍面临学术英语水平不高的特点，文献阅读速度慢，缺乏学术论文写作的基本常识等问题逐渐突显出来。高等学府是学术研究的殿堂，其根本属性在于它的学术性，因此学生学术能力的培养与提升应成为高校人才培养的中心任务，这种能力无论对大学生继续深造学习、进行学术研究还是直接就业都是至关重要的。在学术能力的培养上，大学英语教学具有义不容辞的责任，在课程设置和教学内容的改革中应有机地融入学术英语能力培养的元素。这是要重点研究解决的第二个问题。

基于上述研究背景和大学英语的定位，根据教育部“纲要”对大学阶段推进中华优秀传统文化教育的要求，针对长期以来英语教学偏重西方文化的传播，忽视以英语为载体进行中华文化传播的问题，北京林业大学外语学院制订了“基于中西文化教育”的新一轮大学英语教学改革方案，申请了两项北京市支持在京高校共建项目，即“基于中西文化教育的大学英语教学改革”和“精品视频开放课——英语话中华：中国古代和当代社会与文化”；并申请了三项校级教改研究课题。以项目为驱动，与时俱进，不断地更新教学理念，深化教学内容，在课程设置与教学内容的创新与突破方面进行了积极的探索与实践，取得了突破性进展。

三　大学英语课程教学改革实施过程

我校从 2012 年启动了基于中西文化教育的大学英语教改方案，重点是教学内容和课程设置的改革。改革分为三个阶段进行：第一阶段为小规模实验阶段。2012 年先在全校范围内开设了“英语话中华”公共选修课程，每学年春秋季学期都开设，计划为 24 学时，学生选课人数多，教学效果良好，学生的学习积极性很高。取得了初步经验后，第二阶段扩大了试点规模，在 2012 级和 2013 级试运行新的课程内容改革方案，将基础阶段四个学期的新编大学英语语言技能教学内容压缩到三个学期完成，在第三、第四学期加入提高课程“英语话中华”系列和“西方文化”课程教学，教学内容的改革进展顺利。第三阶段从 2014 学年起，实施了新的人才培养方案，在教学内容改革的基础上，按照教务处要求，进行课程设置的改革。提高新编大学英语教学起点，三个学期完成《新编大学英语》和《新编大学英语长篇阅读》第 2、第 3 册的教学内容，在此基础上，第一、第二学期加入“西方文化”课程教学，第三学期加入中国当代社会与文化教学内容，第四学期主要讲授中国古代社会与文化、大学英语写作，增加学术英语写作的相关内容。同时，在大学英语提高阶段设置了 21 门公共选修课，以满足不同学生的具体学习需求。

四　大学英语教学改革驱动下的校本教材体系建设

（一）教材建设的必要性

大学英语课程教学和人才培养模式的改革，要求我们进行与之相适应的教材建设。在信息化时代，教材内容也应该与时俱进，做到立体化和多样化，以更好地符合“90后”大学生的认知心理。教材是体现教学内容和教学方法的载体，是进行教学的基本工具，是学科建设与课程建设成果的凝结与体现，也是深化教育教学改革，保障和提高教学质量的重要基础。教材建设工作是高等学校的一项基本建设工作，是衡量一所高校办学水平高低的重要标志

《教育部关于“十二五”普通高等教育本科教材建设的若干意见》明确提出：“十二五”普通高等教育本科教材建设，要全面落实《国家中长期教育改革和发展规划纲要（2010—2020年）》[①]《国家中长期人才发展规划纲要（2010—2020年）》[②]，以服务人才培养为目标，以提高教材质量为核心，以创新教材建设的体制机制为突破口，以实施教材精品战略、加强教材分类指导为着力点，为提高高等学校本科教学质量和人才培养质量而发挥更大作用。编写推介一大批符合教育规律和人才成长规律的具有科学性、先进性、适用性的优秀教材，进一步完善具有中国特色的普通高等教育本科教材体系。

（二）校本教材体系建设的内容和成果

依据教材精品化战略理念，使教材建设再上新台阶，更好满足教学工作的需要，外语院积极探讨加强教材建设的有效措施，在基于中西文化教育理念的大学英语课程教学改革背景下，为适应国家需求、社会需求和学生需求，2012年在北京地区高校中率先开设了中西文化系列课程，组织编写了高等院校本科英语教改新教材“英语话中华”和“西方文化”两个系列，并由北京大学出版社出版，逐步形成了具有时代特色、与时俱进的校本教材体系，取得了广泛的社会影响和良好的市场效益。目前，全国已有30余所高校在使用我校主编的这套系列教材。

① 中共中央、国务院：《国家中长期教育改革和发展规划纲要（2010—2020年）》，人民出版社2010年版。

② 中共中央、国务院：《国家中长期人才发展规划纲要（2010—2020年）》，人民出版社2010年版。

1. 中国文化系列教材建设

“英语话中华”系列是一套以英语为媒介传播和弘扬中华文化的高等院校文化素质类教材，包括《中国当代社会与文化英文教程》和《中国古代社会与文化英文教程》，目前均已进行过一轮修订，第二版已经正式发行。这套教材旨在通过对中国古代和当代社会历史文化等方面的介绍以及相关英语表达方式的训练，提高学生“向世界说明中国”的能力，帮助学生在跨文化交际中能够熟练运用所学中国文化知识，以达到让学生以规范、流畅的英文表达方式对外宣传介绍中华民族悠久的历史文化传统，全方位、多角度展现今日中国之风采，让世界充分了解中国，增强中华文化的国际影响力。两本教材每册各10个单元，每个单元以一个主题为中心，通过听、说、读、写等多种训练方式教授学生了解和介绍中华文化，所涉及的主题包括中国神话故事、古代哲学、语言文学、教育制度、科学技术、传统习俗、传统美德和中华瑰宝等。

“英语话中华”系列教材的创新之处在于：教材的编写和出版紧扣新时代主旋律，体现了党的十八大以来强调加强文化软实力建设和“让中国文化走出去”的精神。契合了教育部“纲要”的主旨思想，以培养学生的人文素质和文化素质为己任，是新一轮大学英语教学改革的方向。

在教材建设的同时，外语学院积极推广办学经验，与各高校外语教育同行进行交流。近三年来，先后有中国矿业大学、北京化工大学、浙江农林大学、华中农业大学等多所高校来我校交流取经。2014年，北京市高等教育学会大学英语教学研究会和北京大学出版社在我校举办了北京高校“英语话中华”课程研讨会；2015年我校应邀在“全国外语教师暑期培训班”介绍了我校大学英语教学改革和教材建设的经验和成果。

与会的领导和专家肯定了我校大学英语教学改革的思路，一致认为北京林业大学在新一轮的大学英语教学改革中走在前列。这一教育理念得到了教育部大学英语教学改革办公室及大学英语教学指导委员会的认可，即将正式颁发的新版《大学英语教学指南》也体现了这一教改理念。

2. 西方文化系列教材建设

在西方文化教材建设方面，我校目前主编了三本教材：《西方文化读本》《西方文化背景》和《英语国家概况》。《西方文化读本》在选材时尽量将历史概述与具体故事相结合，为学生展现了西方文化的概貌，全书分为8个单元，内容包括：古希腊文明、罗马帝国与拉丁文化、圣经及其历史、中世纪与现代欧洲的形成、文艺复兴与宗教改革、启蒙运动与现代科学的诞生、浪漫主义以及现实主义、现代主义与西方当代文化。《西方文化背景》是与之相配套的教材，涵盖了《西方文化读本》译文和西方文化背景知识词条解释，这样既降低了学生的学习难度，同时又进一步拓宽了知识面。

3. 学术英语教材建设

高等学府是学术研究的殿堂，学生学术能力的培养对大学生继续深造学习、进行学术研究还是直接就业都是至关重要的。在学术能力的培养上，大学外语教学具有义不容辞的责任，在课程设置和教学内容的改革中应有机地融入学术英语能力培养的元素。依据这一理念，针对目前学生中普遍存在的学术英语水平不高、文献阅读速度慢，缺乏学术论文写作基本常识等问题，我们在新一轮的教学计划和教材建设中采取了以下措施：全面修订了2014级教学计划，在基础阶段第4学期的教学中强化学术英语写作教学环节。对2010年编写出版的《大学英语写作教程》进行了修订，增加了学术英语写作章节，着重培养学生的通用学术英语写作技能，掌握国际学术英语写作交流技能，为日后的国际学术环境下的学习和工作打下基础，为学生由普通英语学习转入专业英语学习架起一个桥梁，成为他们用英语进行专业学习和学术交流的有力支撑。

五　结语

大学英语教学改革系列教材出版以来已在我校大学英语课堂连续

使用四届，取得了良好的效果，收到了学生的普遍欢迎。在教学中教师以内容为依托，通过对中、西文化最具特色的内容进行深入浅出地介绍，使学生在语言输出实践中不仅了解西方语言与文化，同时学会使用规范、流畅、得体的英语表达方式将中国传统与当代社会、政治、经济、教育、文化领域的话题进行话语构建和表达，引导学生领悟中国文化的精髓，培养文化意识与思辨能力，向世界展示古代中国的灿烂文化和当代社会的丰富内涵，实现语言与文化两个层面的输出，为我校确立独具特色的大学英语教学内容建立了广阔的平台。

在下一步的工作计划中，外语学院将致力于使本科英语教学进一步走向信息化、数字化和网络数据库建设，争取以更高效、更快捷的方式传播知识，弘扬文化，为教师和学生提供更为先进的学习方式；构建我校大学英语中西文化课程网站、建设精品视频开放课和系列微课都将是外语学院正在按照计划进行的重点工作内容，立体化、多元化、网络化的学习资源和教学模式建设能够更好地满足师生对基于中西文化教育理念的大学英语课程教与学的需求。

基于中华文化的大学英语课程教学实践与思考

朱红梅

2010 年 7 月，国务院印发了《国家中长期教育改革和发展规划纲要（2010—2020 年）》（以下简称“纲要”），为今后十年的教育改革和发展提供了长期规划目标。在涉及高等教育领域的发展前景时，“纲要”指出，高等教育需要“积极推进文化传播，弘扬优秀传统文化，发展先进文化。”[①] 2014 年 3 月，教育部又印发《完善中华优秀传统文化教育指导纲要》[②]，对我国不同教育阶段关于中华优秀传统文化教育做了具体规定，其中要求在大学阶段“深入学习中国古代思想文化的重要典籍，理解中华优秀传统文化的精髓，强化学生文化主体意识和文化创新意识；深刻认识中华优秀传统文化是中国特色社会主义植根的沃土，辩证看待中华优秀传统文化的当代价值，正确把握中华优秀传统文化与中国化马克思主义、社会主义核心价值观的关系。”这为广大高等教育机构提供了新的方向和要求，需要高等教育从单一的技能训练和知识灌输，促进文化引进和文化传播，实现高等教育的“文化转向”。

作为高校中的外语教学资源最为集中的大学英语部门，这一目标的实现意味着亟须采取有效措施，在教学内容和教学方法上深化教学改革，以实现跨文化传播，以英语这一世界性的语言为媒介，弘扬本

---

① 《国家中长期教育改革和发展规划纲要（2010—2020 年）》，人民出版社 2010 年版，第 15 页。

② 《完善中华优秀传统文化教育指导纲要》，http：//www. moe. edu. cn/publicfiles/business/htmlfiles/moe/s7061/201404/166543. html. 2014。

国优秀传统文化。大学英语教学要按照国家社会与经济发展的需要和高等教育改革的方向确定改革方向和研究主题，同时还要遵循“中西融汇、古今贯通”的原则①。在这样的方针政策引导下，我校开始了基于中华文化的大学英语课程“英语话中华”教学改革与实践。

一 “英语话中华”教学实践

我校外语学院自2010年起承担教育部“第三批大学英语教学改革示范项目”，一直致力于探索大学英语课程体系的创新之路，对传统以技能型教学为主的课程体系进行了改革，重点开展了“英语话中华”系列课程，目的是在全球化语境下，于文化层面上培养学生利用英语这一世界性语言为媒介，传播中华文化，提升中华国学的世界影响力，建设文化强国。在语言教学中，把规范英文与中国文化内容相结合，矫正翻译思维，让中国的英语学习者成为跨文化交流的优秀人才。

为此，自2013年起，我校组织编写了以“英语话中华”为主题的《中国古代社会与文化英文教程》《中国当代社会与文化英文教程》系列教材，目前均已由北京大学出版社出版并用于大学英语教学中，现已投入到大学英语必修课程和全校英语类选修课中去，从听、说、读、写、译诸多方面进行语言训练。在教材编写和教学实践中，力求建立以规范英语为表现形式、中西文化为核心内容的教学体系，让学生在学习英文版的本国文化过程中，把标准英语跟中国特有的社会文化相结合，准确运用规范英文阐释中国文化，了解西方文明，传播以地道英文为形式、以中西文化为内涵的知识素养。

在中国文化的英语课程教学过程中，开展以英语为载体、以中国社会文化为内容的外语学习，其教学重点在于如何处理“翻译思维”。学习内容的先入为主，英语能力的不完善，使得翻译成了学习

---

① 崔刚、马凤阳：《大学英语教学研究的现状、内容与原则——以〈国家中长期教育改革和发展规划纲要〉为参照》，《中国大学教学》2012年第2期。

英文版中国文化最常见的方法和过程。“翻译思维”的负面表现为英语学习者在翻译和写作过程中望文生义、逐字翻译，形成语义不通的“中式英语”，不能表达具有中国特色的文化概念。[①]。这正是“英语话中华”系列课程需要解决的问题，只是以往对“中式英语”的纠正都是从以英语为母语的评估者角度来看，从本土文化着眼，从文化内容和语言形式两个方面，有所针对地来训练、促进大学生的英语技能和文化阐释能力。

从另一方面说，母语对外语学习的影响难以避免，尤其是在学习以本国文化为主要内容的英语篇章中，既有的汉语知识如果需要用英语表述出来，势必会有一个翻译的过程，不仅在翻译实践中，还包括涉及口语表达和英文写作。一般来说，非英专业低年级的大学生尚未形成“英语思维”的能力，在语言输出过程中，无论是口语还是写作，学生先用汉语思考，再在脑海中翻译成英文。在没有达到用英语思考的习惯之前，既然无法实现“英语思维”，那么只能利用当前思维模式，研究如何利用“翻译思维”，提高翻译水平，输出合乎英文规范的表达，让学习者在进行转换的过程中少犯，甚至不犯“中式英语”的错误，达到英文水平的提高。相对而言，这比建立“英语思维”更为符合当前中国大学英语学习者的实际水平和客观事实。

以写作为例，“中式英语”最集中地体现在大学英语写作中，尤其是涉及中国文化的内容，其产生原因很大程度上由于学生在写作过程中“翻译思维”的负面作用。如果学生对地道英文摄入不足，在写作时难以形成英语思维，不能直接用英语进行构思和写作，就会用汉语进行构思，然后将这些汉语句子逐字译成英语，从而产生了大量的中式英语表述，即具有汉语特征、违背英语句法与思维方式的表达。翻译思维在大学英语写作中所产生的中式英语是母语负迁移的显著特征，如果加以改进，提高学生的翻译能力，也可变负为正，改良中式英语，逐渐向英语思维过度，提高写作质量。而且，随着英语逐

① 张为民、朱红梅：《大学英语教学中的中国文化》，《清华大学教学研究》2002 年第 S1 期。

渐成为“世界英语”，有些写作评估者们对这种具有中国特色的写作修辞模式具有了带有个人色彩的包容性①，也为汉语影响下的翻译思维创造了一定的可行性。中国文化类英语课程的出现，会让学生逐渐学习到由规范英语写就的中国社会文化介绍，给他们创造良好的语言输入，从而提高翻译思维的质量。

二　现代教学技术支持下的中西文化教学网络建设

在以上研究基础上，我校“英语话中华”课程教学系统正在不断发展，并与西方文化教学相结合，形成了“基于中西文化教育的大学英语教学改革”系列课程。同时，外语教学改革还需跟数字化、网络化的现代教育技术相结合，实现多媒体网络教学系统。按照教育部“文化发展纲要”的指导，我校正在建设适应时代需要的教学网络教育平台，推动优秀传统文化网络传播，制作适合互联网、手机等新兴媒体传播的中西文化精品佳作。重点打造一批有广泛影响的传统文化特色网站，支持和鼓励学校网站开设以英语传播中西文化专栏。加强校园网络建设，依托高校网络文化示范中心、大学生网络文化工作室等，拓宽适合大学生学习特点的线上教育平台。目前有以下几点构想。

（一）教改研究成果的数字化转换

在修订、再版我校教改新教材系列的基础上，对教材中所涉及的文化负载词进行归纳整理，与中国典籍英译专业知识与翻译技能相融合，按照专题分类，编撰出与课程相配套的核心词汇表（中英对照、附注释），并使之电子化。形成中华文化核心词英汉对照资料库，以弥补当前该系列教材没有统一词汇表的缺憾。根据同类核心词在不同语境下的使用与英译，进行举例说明与阐释，形成具有教学与翻译参

---

① 张文霞：《英语写作评估中的“中国英语”现象及其影响》，《清华大学学报》（哲学社会科学版）2002 年第 S1 期。

考价值和的语料库，以供师生们在学习“英语话中华”课程时参考使用。对西方文化的专有名词和文化名称要做较为详细的背景介绍，以便师生们更好地掌握西方文化的发展脉络与核心理念，从思想和语言两方面厘清教学所需的背景知识与文化意义。

（二）创建大学英语中西文化课程教学网站

为了强化网络教学环境建设，实现课程教学资料上网、优质教学资源共享，在北京林业大学教务处的支持下，外语学院开始建设“基于中西文化教育的大学英语系列课程”课程网站。该网站初定为十个栏目，分别为：课程主页、教学队伍、课程简介、教学大纲、教材建设、电子课件、核心词汇、背景知识、学术论坛、网络资源。以此实现教学资源的数字化和信息延伸，做到教学成果使用率最大化，充分利用网络传递信息的便捷迅速，不断补充最新文化研究状况，结合英语语言优势，以跨语言、跨文化为目标，更好地了解西方文化、传播中国文化。

（三）进一步优化整合现有网络教学资源

截至目前，我校外语教学已取得多项大学英语视频公开课、微课资金支持项目和比赛奖项。这些数字化教学资源可以投入到教学网络中去，使之更为科学、系统和完整，使用率更高，分类更为合理、清晰，既能充分反映本学科的前沿性和先进性，同时又具有较强的针对性、渐进性和实用性，寓教于乐，为我校非英语专业的本科生学习中西文化知识提供生动形象而又切实有效的帮助。

以上的教学资源网络化构想与计划是围绕我校大学英语中西文化课程网络建设的一项长期网络化教学研究工程，与我校大学英语核心课程体系相配套，顺应大学英语教学改革的新趋势、新方向，力求使得我校大学英语中西文化课程数字化、信息化，把教材编撰、课堂教学与网站建设结合起来，服务于本科教学质量的提升。在基于中华文化的层面，网络化教学手段的运用，有助于增强课程的信息量、时代感和趣味性，增加文化感染力，提高教学质量。

三 “英语话中华”课程实践的成效与挑战

“英语话中华”系列课程从2013年9月开始实施，取得了初步成效。新编教材陆续出版，其中《中国当代社会与文化英文教程》荣获2015年“第四届中国大学出版社图书奖”优秀教材一等奖。同时，由我校一线教师主导的精品视频课“英语话中华”获得了北京市支持中央在京高校共建项目支持，正在建设成面向整个北京市教育系统的精品视频开放课。在现代技术与课程教学相结合方面，我校建成了网络课程制作中心，建立了一套智能高清广播级数字录播系统，以推进教育创新，促进现代信息技术在教学中的应用，实现优质教学资源共享。该中心已于2014年年底建成并投入使用，在此录制了大量基于中西文化教育的大学英语系列视频课、微课，为我校大学英语教改提供了强大的技术支持，不断更新着英语教学的方法和内容。

鉴于该课程尚处于摸索阶段，从教材编撰、师资培训、课程设计等方面依然存在一些挑战和问题值得深入探讨。在师资方面，外语类老师们因为专业培养的缘故，疏于对中国文化的深层理解，对西方文化传统没有形成系统认知。对我校学生而言，大多数本科生对中国文化了解不够，对传统思想缺乏透彻的认识。具体表现为对文、史、哲术语的理解似是而非，阐释不明，乃至做出的英译远远达不到传递文化知识的效果。这给这门课的教学带来了挑战，使得一门这门外语课程需要从中国文化基础知识补起，以期达到文化交流的目的。也正是由于本科生中国文化知识的匮乏、英汉互译能力的不足，使得“基于中西文化教育的大学英语系列课程”得以成为大学英语课程的一部分，在促进跨文化交流领域，充分发挥人文教育的指导作用。

另外，在课程设置方面，“英语话中华”系列课程是我校大学英语教学改革课程体系的一部分，需要与其他课程相辅相成，如《新编大学英语》《新标准大学英语视听说教程》《西方文化读本》等，同时学生还有通过大学英语四级考试的需求。在当前我校非英语专业本科生所规定的四个学期、200 课时的大学英语必修课规定下，如何协调中国文化课与英语听说读写技能训练的课时分配，同样需要斟酌考量。目前，大学英语教学的总体趋势是要注重语言综合能力的培养，改变以前将语言割裂成不同部分进行教学的旧模式；要以内容为主，鼓励学生积极输入。因此，教学改革者面临的问题是：如何在有限的课时内，把文化学习和语言能力相结合，把课程考试与以通过四级考试为目标的能力测试相结合，把中国文化与英语文化相结合。目前教学是以搭配法为主，即老师既讲授中国文化类的英语课，也教授其他语言技能课程和西方文化，这样想掺杂的学习法，符合综合教学的要求，但最终的教学质量评估，还有待于这一轮教学结束后，对学生的语言技能和文化阐释能力进行综合评估才能定论。

大学英语的文化转向还处在一片争议和探索之中。我校“英语话中华”大学英语教改实践起步不久，依然在教学改革的尝试期，教学资源网络化也在建设之中。作为这次教改的一线教师，我们正在基于中西文化教育的英语课程教学实践中汲取经验，为提高学生的语言能力和中西文化素养而不断探索。虽然在此过程中有诸多困难需要克服，但对于具有中国文化特色的中国英语的研究却越来越多，这势必会影响中国的英语教学，最终登堂入室，伴随着专业英语、学术英语等 ESP 课程进入大学英语教学体系中来。这是当前我国英语教育的大势所趋，也是当今时代的要求，值得我们不断投入人力物力，积极研究，并切实投入到教学实践中去，利用各种教学资源，与现代多媒体教学技术和网站建设相结合，在实践中获取经验，不断提高大学英语教学改革水平。

从长远来看，以文化教育为核心的语言教学有其深远的教育意义。在一个全球化的时代，没有哪种文化能够偏居一隅，独善其身。全球化时代的到来将形成“一种新的世界语言文化格局，中国语言和文化的超民族性将进一步凸现”①。为适应这一变化，近年来，随着

① 王宁：《“后理论时代”的文学与文化研究》，北京大学出版社 2009 年版，第 253 页。

我国国力的不断增强，中国的英语教育事业也经历着又一次的变革：由大量输入西方文化为主转向进一步推进中国文化在全世界的传播。这种动向为中国的英语教学提供了新的机遇和挑战，每个中国人，尤其是进入高校接受深造的大学生，都是中国文化传播者之一。中国文化的传播不仅仅是语言上的对等传递，更涉及对本国文化的理解，以及如何用跨文化的视野进行译介，让中国文化为世界所接受，同时也要知己知彼，谙熟西方文明状况，做好中西文化交流。大学本科生虽然不必进行诸如典籍外译那样复杂的工作，但作为一个懂外语的中国人，既能了解全球文明的发展趋势，又能用外语传递本国文化、向外国友人介绍我们国家悠久灿烂的文明，是我们每个大学生都应承担的责任，也是我们每个外语老师应该训练学生所掌握的技能。如果能通过英语的学习，网络信息化的便利，成功实现文化的输入与输出，则可以为学习者创造更广阔的平台，在今后的国际交流中充分发挥作用，完全实现教育改革规划期望和要求。

农林院校非英语专业本科生英语阅读课教学法研究*

——以北京林业大学“梁希实验班”教学实践为例

武田田

一 引言

一直以来，我国的英语教学深受国外各种教学方法和流派的影响。最传统的是翻译法；20 世纪 60 年代引进了听说法并于 70 年代达到鼎盛，80 年代初流行情景法。这些都属于传统的教学法。直到 20 世纪末 21 世纪初，由美国社会语言学家戴尔·海姆斯（Dell Hymes）于 1972 年针对乔姆斯基的“语言能力”（Linguistic competence）概念提出“交际能力”（Communicative competence）概念逐渐发展为英语教学界公认的最为先进教学方法——交际教学法，并在国内受到热捧。然而，正如一些研究者指出的那样，我们在探索有效的教学方法的过程中往往带有盲目跟风的倾向，忽略了与我国实际教育环境的结合，从而带来了种种尴尬和不适应的水土不服症。[①] 究竟采取何种教学法才最适应中国的国情，是当前学界思考得最多却难以定论的命题。

在农林院校的英语课堂上，由于学生学习特点的特殊性，教学法应用的水土不服情况往往比其他院校的更加严重。如何克服这种

---

* 本文由北京林业大学校级教学改革研究项目“梁希班英语课程教学方法研究与实践”资助。

① 孙广平：《试论具有中国特色的英语教学法之创立》，《教育评论》2005 年第 6 期。

种的不良症状、找到最符合学生特点和院校实际的教学方式，是农林院校外语教育工作者需要重点思考解决的问题。针对这一问题，本书试从教学的输出对象——农林院校非英语专业本科生自身的特点出发，结合北京林业大学梁希班的英语阅读课教学实践，对应用于农林院校的英语阅读课教学法进行适度创新，并分别从研究对象、研究方法以及实践应用等方面进行总结，形成了一个初步的教学法模式，希望能在今后农林院校的英语教学实践过程中具有一定的推广价值。

二 农林院校非英语专业本科生英语学习的特点剖析

作为农林院校的非英语专业本科生，受到客观因素的制约，与其他高等院校的学生相比一般有如下特点。（一）农村学生多，城市学生少；来自经济发展相对落后地区的多，经济发达地区的少。因此造成学生从整体上较习惯于死记硬背，独立思考的能力欠缺。（二）我国幅员辽阔，各地基础教育（尤其是外语教学）配套、师资等差异很大，学生的英语水平参差不齐，基础好的学生能够流利表达，基础差的学生甚至言不能成句。（三）由于农林院校的大部分专业比较艰苦，学生在学习的过程中不自觉地受到影响，往往更倾向于沉默寡言地用功而非积极与人交流，因此严肃有余，活泼不足。

以笔者教授的北京林业大学2007年“梁希实验班”（文、理两班）为例：虽然该班的学生都是从一年级新生中甄选出来的成绩比较优秀的学生，但农林院校学生的上述特点他们依然具备。学期刚刚开始的时候，大部分学生在课堂上都表现得比较胆怯和羞涩（尤以理科班学生为甚）；即使在老师反复启发的情况下，也很少有人主动表达自己的观点；对老师布置的记诵或应试方面的作业积极认真，而对拓展思路、应用交际方面的学习任务却不甚热心。整体来看，学生知识面狭窄、独立思考能力欠缺的问题也比较严重。这不仅仅存在于理科班，本应以博闻广识为标志的文科班也是一样。例如在公共英语四级的模拟考试中，只要文章是条理清晰的科技说明文，题目的正确率就很高；文章一旦涉及文史哲，正确率立刻大幅下降。

这些特点都极大影响了英语公共课教学的开展。正如一些研究者指出的那样，现今大学公共英语课教学方法改革积极、内容广泛、变化丰富，对农林院校学生的适应能力造成了很大的挑战。[①] 针对学生的这些特点，何种教学方法更为适用？是惯用的传统教学法还是流行的交际教学法？这引起了教师的思索。

三 应用传统教学法或交际教学法产生的常见问题诊断

在以往的授课经验中，笔者曾根据所教学生的不同类型分别尝试过传统教学法和交际教学法，并在过程中发现了如下的问题。

（一）传统教学法应用中常见问题诊断

如果完全沿用传统的教学法，强调语言是词汇、语音和语法的集合体，教学活动围绕词汇的灌输、句意的讲解和文章的翻译，那么往往会产生以下问题。

首先，教师成为教学活动的中心，学生完全处于被动的地位。由此导致学生学习热情低落，缺乏进步的动力，课堂气氛枯燥压抑。

其次，教材成为语言材料的中心，教师满足于照本宣科，学生的想象力和创造力受到钳制。课堂活动所产生的效果几乎等同于学生自学的效果。

最后，记忆成为学习方法的中心，在记忆力逐渐衰退、理解力逐渐加强的情况下，学生仍被迫沿袭中学时期的学习习惯，学习效率因此十分低下。而在此过程当中，教师则完全处于缺席的状态。

---

① 郝翠屏、朱代春：《浅析农林院校本科英语教学改革》，《中国农业教育》2002 年第 2 期。

这些都会极大地阻滞学生语言能力的发展和提高。

（二）交际教学法应用中常见问题诊断

然而，如果完全采用交际教学法，将学生推到教学活动的中心地位，以模拟实际交际情景的小组讨论和课堂活动为主，辅以高强度的听说训练，也会产生以下问题。

首先，将学生作为教学活动的中心，往往会导致整体教学内容缺乏系统性和规律性。课堂的突发事件增多，即使教师努力扮演组织者和引导者的角色，也不能完全保证教学活动围绕事先确定的主题开展。

其次，人为制造母语环境，英语基础坚实的学生固然能够受益良多，相当一部分本来基础就薄弱的同学却不能积极地参加到教学活动中去，因此必然产生沮丧乃至怨怼的情绪，大大影响学习效果。

最后，以讨论和活动为主的教学方式对倾向于沉默寡言的农林院校学生固然是一种绝佳的锻炼，但是一学期的英语阅读课只有区区30多个课时，恐怕勉强能够满足用来培养他们适应这种教学方式的时间。时间成本过高。

综上所述，不管是完全采用传统教学法还是完全采用交际教学法，都有可能导致教学活动无法顺利开展。

四 农林院校英语阅读课教学法创新改进的研究思路

针对剖析出来的问题，笔者在教学策略的制定和课程的设计方面进行了认真地思索，决定摒弃传统教学法与交际教学法各自的缺点，并结合各自的优点，对教学法进行适当的改进和创新。

传统教学法的优势在于对语言基本技能的重视，适合应用于基础薄弱的学生，能够保证他们掌握足够有效的知识。但由于上述的缺点，这种教学法不适合在课堂上大规模长时间使用。因此，课堂上技能讲授的部分既要允许存在，又要保证简短精练；而技能练习的部分则需要有针对性，避免浪费基础好的学生的时间。

交际教学法长于语言知识的灵活运用，在学生具备一定基础的情况下，它能够起到促进理解和掌握以及激发能动性的作用。但由于上述的缺点，这种教学法不适合垄断教学活动的全部时间。因此，在教学进入以理解和运用为主的较高层面时，交际教学法的优势就会表露得更加明显，可以在更大的范围和更长的时间内应用。

考虑到以上这些情况，梁希班的英语阅读课必须是兼顾的、平衡的、多元化的，博采众长、因材施教，才能达到最好的教学效果。笔者于是决定将教学活动划分成两个具体的环节进行实践操作：第一个环节是基础知识环节，以教师讲授为主导，针对性地采取措施夯实词汇和语法。从方法论上来看，传统的讲解法仍占据比较重要的地位。第二个环节是理解运用环节，教学重点移至对篇章语境的理解，学生逐渐占据课堂活动的中心；教师以引导者、提问者和任务分配与监督者的身份组织教学。依据这样的策略开展具体的教学活动，不但能够保证学生掌握应有的语言基础，并且能够保持学习的乐趣和信心。

五　改进后的具体教学模式的介绍

（一）公共英语阅读课教学活动的基础知识环节

1. 词汇输入

从对学生的初步观察可以得出：首先，大部分学生的词汇量还停留在高中阶段，书面语单词知之甚少，这种情况即使能顺利过四级，以后用英文撰写论文的前景也堪忧；其次，大部分学生的记诵方式还停留在高中阶段，以机械地死记硬背为主，缺乏深层次的理解和认知。

要解决词汇量少的问题，一个基本的方法是使用词汇书大量灌浇，但这必定带来另一个问题：脱离语境单纯地记忆英文单词和其对应的中文意思，结果往往貌似掌握了很多词汇，一旦需要在实践中输出却一个有效的词汇也记不起来。如果采取传统的方式，通过语篇理解、结合上下文来记单词，虽然记忆更加扎实有效，但耗时费力，不利于完成短期教学目标。为了解决这两种方法的矛盾，笔者鼓励学生结合运用：一方面在科学记忆规律的指导下（向学生介绍了艾宾浩斯遗忘曲线等记忆规律），以四级词汇书大量输入；另一方面加大阅读量，在阅读过程中完成对生词的温习。鼓励学生使用附有详细例句和英文解释的电子词典，指导他们在阅读中完成猜测的步骤之后再结合例句查阅单词的意思，力求单词掌握的效率。

记诵方式的转变相对来说更难一些。在很多学生的眼中，英文词汇还是一个个漂浮的意义体，是彼此并不关联的“单”词。虽然都在有意识地运用音节拼读，但大多数人还不能够使用更深层次的记诵方式，如涉及语源和词语结构的“词根词缀记忆法”等；很多学生还不能同时记住某个单词在其他词性方面的多种变形（文科班这方面的情况稍乐观一些）。

为了帮助学生从语汇意义的角度理解并养成良好的记诵习惯，课堂教学的词汇版块摒弃了以往常用的“举例子讲词义”的教学模式，而是注重词汇的扩展，将重点放在介绍词源、同源的其他词性的词以及同义词和反义词上；力图使学生明白每一个词都存在于一个互相关联的“词汇网”当中，从而能够摆脱机械的死记硬背，通过理解掌握单词。

2. 语法输入

由于学生英语水平的参差不齐，有一部分学生已拥有良好的语法基础，但相当一部分学生仍有强烈的语法学习的需求。为了能使他们尽快地补上这一课，又避免在课堂上浪费那些基础已经很好的学生的时间，课堂教学的语法版块采用了讲座的形式，从学生中易犯的语法错误入手进行提纲挈领式地讲解；教师同时提供大量的语法资料和练习，以备基础较差的学生课后补习之用，并在定期上交的作文中对全体学生的语法问题进行核查。

经过核查，教学活动中体现出的普遍语法问题有以下几种。

动名词：固定搭配中的动名词不容易出错，自己翻译造句不甚熟练。

定语从句：关系词的选用会有小问题（比如不太清楚何时用关系代词、何时用关系副词等），不太能写出精彩的句子。

分词作状语：阅读理解没有问题，自己翻译造句不甚熟练。

不定式：按照固定搭配来记，不太出错；用在句中做不常见的成分（如主语宾语等）时容易搞混。

虚拟语气：对基本句型比较熟悉，遇到变形容易出错。

其他语法小问题：仍有少数学生会造出一句话两个动词的句子；重复使用比较级（eg.：more happier）的情况时有发生；主语是单三人称时，谓语时常不能保持数的一致。

可以看出，这些本科生易犯的语法错误，其实与高中生的相差无几。虽然大学英语阅读课理应不再以语法为重点，但是否就可以将语法内容从教学中剔除出去？如何在保证有效教学进度的前提下，帮助学生建立坚实的语言基础以供上升和进步，这些问题还有待进一步讨论。

（二）公共英语阅读课教学活动的理解运用环节

教学法研究中，教师在教学活动中的角色曾被定义为教学实践活动的组织者、语言学习的引导者和促使学生参加课堂教学活动的鼓舞者。[①] 当处理完词汇和语法这样最基础的语言技能后，教师语言学习指导者的角色逐渐弱化。在进入阅读课的真正核心——篇章理解时，教学实践活动的组织者和促使学生参加课堂教学活动的鼓舞者这两个角色逐渐被凸显出来。正如本杰明·富兰克林（Benjamin Franklin）的著名论断所言："告诉我我会忘记，交给我我会记住，我只有投身

① 刘淑颖：《大学英语教学法研究》，国防工业出版社 2006 年版。

其中才能学会。”（Tell me and I forget. Teach me and I remember. Involve me and I learn.）如何使学生活跃地参与（involve）到教学活动中来，并在其中获得乃至运用最有效的知识，是这一环节的主要任务。

以《新编大学英语（第二版）》第三单元 In-Class Reading 的课文 Gender Roles from a Cultural Perspective 的讲解为例：由于“文化视界中的性别角色”是一个内涵深刻的话题领域，涉及心理学、社会学和人类学等学科。学生往往仅有模糊的感性认知，却缺乏进一步的理性思考。如果没有趣味性和参与程度高的导入材料，仅凭教师喋喋不休地灌输，学生很有可能对此深奥的话题丧失兴趣。因此，教师决定以一个小小的心理测验开始这篇课文。一组常用来形容性格的形容词被展示给学生：HUMOROUS，STRONG，NAÏVE，TIMID 等。教师随即发问“Whom do you think each word is describing, a male or a female?”并要求大家不要做深度的思考，想到什么就可以脱口而出。学生踊跃地参与了测验，课堂气氛十分热烈，每一个答案都会引起其他人的一阵议论。这时教师再进一步提醒：这些形容词本来并无性别之分，我们却人为地给它们归了类，是不是说明我们的文化对于性别有先入之见呢？在学生纷纷颔首之际，教学就进入了下一阶段。

理解和推敲文意时，传统的篇章讲解以解释词义和句意为主要内容，是翻译式的讲解法，教师扮演了辞典的角色，课堂没有参与和互动，学生昏昏欲睡。而在改进后的篇章讲解版块中，教师“教学实践活动的组织者”的角色具体化为了引导者、提问者和任务分配与监督者，教学的重点放在了对语境（context）的考察方面。教师不再拘泥于每一句话的具体意义，而是更加强调句与句之间、段与段之间、文章各主要部分之间的关系，引导学生跳出繁杂的词汇语法点，从整体架构的高度观察整篇文章。在具体分析的过程中，教师并不陈述事实，而是以不断发问的形式引导学生靠近真相；有时甚至会故意表达相反的观点，以期引起学生的反驳和辩论。教学流程的每一个环节也不再是流水账，而是一个个需要学生完成的任务，学生代替教师逐渐成为课堂活动的中心。

以第二单元课文 The Power of a Note 为例，在完成了快速阅读的任务之后，学生首先被要求为文章分段。教师提问了几个学生，得到了几种截然不同的分段方式，这证明许多学生对文章的组织架构、起承转合概念还很模糊。教师于是组织了一次小小的讨论，让大家再一次从整体架构的高度对文章进行深入的思考。讨论结束时，即使没有一致同意的分段方式，学生的理解也已经比之前清楚了很多。教师接着发问：

Q：What do you guess is the source of the article，documentaries，reports or magazines?

A：Magazines.

Q：What kind of magazine?

A：…

Q：*Science World*? *English Literature*? *Body and Fitness*? *Reader's Digest*?

A：*English Literature*? . . . *Reader's Digest*!

学生此时开始纷纷议论《读者》类文章的特点，并一致认为与该文形式相似。经过这样的教学活动，学生不但切实地理解了这篇课文的写作手法，之后几个单元中再碰到此类文章，他们几乎立即就能够把握文章的脉络。

结束这篇课文的时候，由于该文讲述的是给别人写充满爱意的小纸条的事，教师故意表示自己认为这种随时随地赞美周围的人的做法十分矫情和虚伪。此言一出，立刻遭到一些学生的反驳，也有不少应和。争论一番之后，教师并没有断定谁对谁错，而是留下了一个开放式结尾，告诉大家“Everybody can have his/her own idea”；由此引导学生理解：即使是从老师口中讲出，或是印在课本上的东西也不是不能挑战和质疑的，任何事物都可以有多种观察的角度。也许很多学生一开始还不太适应这种思路，但是只要教师能够坚持反复引导，他们最终会明白这一点。而这种怀疑意识的培养和运用，就是创新意识的开始。

六 教学实践结果和小结

一学年的英语教学结束时，这种结合农林院校实际的教学改革探索已经取得了初步的成效。两个班的学生都经历了不少变化，学生的语言基础得到了进一步的加强，语言学习的兴趣和信心却没有丝毫的减弱。而最后，在 2008 年 6 月举行的大学英语四级考试中，两班均以 100%的通过率顺利达到了短期培养目标的要求。

我们可以欣慰地肯定，尽管有种种因素的制约，农林院校的教学水平并非不尽如人意。只要假以适当的条件和环境，我们一样能取得令人满意的成绩，北京林业大学 2007 年“梁希实验班”的教学实践就是一个很好的例子。但是在这过程中显现出来的问题也很值得我们认真思考，从而为将来的创新人才培养做好准备。

此次探索实践中显现的首要问题，是两个具体教学环节在教学活动中所占的比重和时间分配的问题。基础薄弱的学生总希望老师在基础知识环节停留的时间长一些，基础坚实的学生却总迫不及待地想在讨论和活动中一显身手。所以，在以后的教学实践中，教师应在教学进度的控制方面予以更多的注意，并注意引导和调整学生的情绪。

其次，由于只能在短暂的教学时间内交流，教师与学生之间的了解仍不够深入，这给灵活开放的理解运用环节的教学带来了一定的影响。笔者虽然专门开设了博客与学生在课下进行交流，但仍觉得有些欠缺。希望在以后的教学实践中，教师与学生能够运用更多诸如论坛、讲座、学习小组等形式建立更为紧密的联系。

最后，农林院校学生的特点决定了班级里必定有相当一部分的学生性格内向、容易自卑。他们在生活当中很少受到关注和表扬，因此在学习上也缺乏动力，成绩很难提高；而不理想的成绩又会进一步加重自卑感，让他们进入消沉的恶性循环。对待这部分的学生，教师一定要格外耐心，以表扬和鼓励为主；在课堂活动中专门留出时间让他们进行语言表达，并且尽量不要批评他们的语法错误和口音，而是寻找表达中的闪光点。

除了以上这些问题之外，针对笔者进行实践的“梁希实验班”还有一些具体的问题，现罗列如下，希望能对其他探索者的实践起到一些帮助作用。

a. 教学目标仍不甚明晰：

如果培养“具有国际竞争力的优秀人才”是“梁希实验班”的长期培养目标之一，则英语语言技能处于相当重要的地位。入学选拔考试仅以英语成绩为参考，并不作为重要指标。这就使得教师和学生都不能明晰英语教学在整个培养计划中的地位，对教学活动最终要达到何种目标不甚了解，给培养计划的付诸实践带来很多问题。

b. 课程设置仍存在问题：

当今学界强调各种语言技能融合交汇（Integration），而我们却将课程人为地分成阅读、听力和口语三个部分，颇有追求应试效果之嫌；而且每门课程配备不同的教师教授，不但课程内容有重叠的地方，每位教师也难以全面了解学生的情况。建议将英语课课程设置做全盘考虑，第一学期重点输入（Input），第二学期重点输出（Output）：第一学期加大基础阅读课的分量，保证学生有时间重点夯实词汇和语法的基础，加以相当强度的阅读量，以便获得巩固和使用基础词汇、语法和阅读技巧的机会。第二学期开始，已拥有坚实语言基础的学生就可以进一步提高实际应用环境中的听说和写作能力，并开始逐步将学习重点从日常性的语言转向学术性的语言，为本科三四年级的专业领域研究做好准备。

c. 知识结构仍需要深化：

如前所言，学生的知识面狭窄，知识结构单薄是农林院校学生的特点之一。如果培养目标能够进一步明晰、课程设置得以改革，拥有小班授课这个难得的优势，教学活动就可以相应采取多维开放的模式，师生间的互动更加频繁，学生的学习自主性被激发。除了课堂学习，学生可以拥有更多获取信息的渠道——图书馆、电子杂志、各种类型的讲座等都可以拓展他们的知识面，为自主学习和研究输送养分。

d. 教材选用仍期待拓展：

现在使用的《新编大学英语》的课文以杂志和报刊选文为主，虽然新颖实用，但题材偏于普通。既然要培养的是精英人才，就应完全区别于以往的学生，只满足于理解几篇浅显的课文。学问深而广应当是这些未来学者的特点。文科学生自不待言；理科学生也不能仅仅具备科学方法，而必须拥有人文精神，才能在以后的科研中走得高远。因此，为了给这些未来的学者做准备，教材应偏向内涵更深刻、学术性更强的材料，不但能够长识，而且启智。

非英语专业研究生学术英语听说课程模式探究

吴增欣　李　芝

一　研究生学术英语听说课程现状

教育部颁布的《非英语专业研究生英语教学大纲》明确指出“硕士生英语教学的宗旨是使学生掌握英语这门工具，进行本专业的学习、研究和国际交流”。这表明学术英语听说能力已成为研究生必备的重要技能。然而，非英语专业研究生英语听说课程的现状并不乐观，其问题主要体现在以下三个方面。

课程方面：多数高校研究生公共英语课程仍停留在对英语口语的基础训练，而针对学术英语的听说训练较少。目前的口语教材内容陈旧，与学生专业或未来职业需求脱节；教学手段单一，学生兴趣不高。①

需求方面：由于学科及研究方向的不同，学生学术英语听说需求存在差异。另外，研究生职业规划的个体差异也对其需求产生影响。

英语基础方面：研究生英语听说能力参差不齐。有些学生已经高分通过相关口语测试（如托福、雅思等），而有些却连四级听力尚有困难，这也为英语听说课程的开展增加难度。

有鉴于此，北京林业大学尝试开展“需求为导向”“学科内容为

---

① 李娜、胡伟华：《“需求分析”理论指导下高效非英语专业研究生 ESP 口语教学设计研究》，《外语教学》2014 年第 3 期。

依托”“教师为主导，学生为主体”为指导的教学实践，旨在提高学生学术英语听说能力和英语实际运用能力。

二 非英语专业研究生学术英语听说能力需求分析

束定芳等明确指出，需求分析是开展外语教学的首要条件，是外语课程设计的基础，也是教师组织教学、使用教材、决定教学方法和评估教学的依据。① 为切实了解研究生学术英语听说现状、学生在学术英语听说方面的困难和学生当前急需提高的听说技能，我们针对北京林业大学研究生展开需求调查。发放问卷 1100 份，回收有效问卷 987 份，问卷回收率为 89. 7% 。其调查结果如表 1 至表 4 所示。

表 1　　英语学术交流情况

	0 次	1—2 次	3—5 次	经常
参加专业相关学术英文讲座	47%	32%	21%	0
参加专业相关英文学术会议	41%	37%	22%	0
参加专业相关话题的讨论	28%	39%	31%	2%
参加专业相关话题英文展示	55%	37%	8%	0

表 2　　学术英语交流能力自我评估

	非常困难	有一定困难	基本可以	完全没有障碍
听懂专业相关英文讲座	18%	48%	31%	3%
参与专业相关英文学术会议	15%	62%	19%	4%
参与专业相关话题讨论交流	12%	59%	23%	6%
专业相关话题的英文展示	7%	59%	25%	9%

表 3　　学术英语听说重要性

	完全不同意	不同意	不一定	同意
英语学术交流是研究生必备技能	1%	3%	11%	38%

① 束定芳、华维芬：《中国外语教学理论研究六十年：回顾与展望》，《外语教学》2009 年第 6 期。

续表

	完全不同意	不同意	不一定	同意
本专业英文讲座对专业学习有帮助	5%	7%	14%	49%
英文讨论有助于英语听说技能提高	2%	14%	28%	29%
英文展示能增强学术素养和自信心	2%	3%	5%	47%

表 4　　　　学术英语听说中的困难调查

	完全不同意	不同意	不一定	同意
英文讲座中专业词汇有困难	8%	17%	23%	29%
对全英文讲座不适应	4%	12%	21%	36%
英文词汇和句式积累不够	2%	9%	19%	44%
英语表达条理性和逻辑性差	4%	8%	9%	56%
对英文学术交流缺乏自信	7%	13%	12%	42%
缺乏与国外同行英文交流技巧	9%	11%	35%	27%

调查结果表明。

其一，学生普遍认为英文学术交流技能已经成为其必须掌握的常规技能。但是，接受相关技能训练的机会较少。

其二，学生能够意识到自身英语交流中的欠缺：79%的学生认为其逻辑性和条理性有待提高；同学普遍认为语言积累不足（70%）；多数学生在英语交流时缺乏自信（69%）。

需求调查为我们确立教学目标提供了明确方向。在国际交流日益加深的形势下，研究生阶段英语听说能力的培养不再局限于日常交流，而是以学科内容为依托，在提高学生学科知识和认知能力的同时促进其语言能力的发展①学科知识、认知能力、语言能力三者相辅相成，互相促进。基于需求分析，我们将本课程的教学目标确定为：(1) 增强学生捕捉信息的能力，培养学生积累相关词汇和句式的意

① 袁平华：《依托课程内容进行外语教学之理据及教学元模式探究》，《学位与研究生教育》2006 年第 3 期。

识，加强语言输入；（2）提高学生语言表达能力，做到清晰、简洁、连贯、有逻辑；（3）鼓励学生独立思考，锻炼其思辨能力；（4）帮助学生克服羞怯心理，掌握交际互动技巧。

三　实现教学目标的教学策略

为了实现上述教学目标，我们在教学实践中综合运用了“内容为依托”“听说一体”“输出为导向的小组讨论”“项目驱动”等多种教学理论和策略。

（一）以学科知识为依托选择教学内容

教材选取主要遵循三个原则。其一，话题与学生专业相结合。任课教师通力合作，综合科技英语听说教材、专业英语听说教材、TED讲座，CNN，网易公开课等多种资源，选取十个与本校学生专业相关的视频材料。比如，“生物多样性”“低碳”“转基因”“城市农业”等。这些话题与林学院、园林学院，生物学院、自然保护区学院、水保学院、环境学院等专业都有一定的相关性，能够激发学生兴趣。其二，视频材料应具备较高的语言学习价值。视频的作用不仅是对听力理解和记录要点的训练，还是拓展学生专业词汇、积累相关表达的良好输入材料，同时也是学生参与讨论和展示汇报的优秀范本。专业词汇、句式表达、文章结构等语言内容都作为视频选取的考量标准。其三，视频材料形式多样，难度适中。以学术讲座为主，同时涵盖访谈、学术研讨、学术会议等多种形式。视频长度控制在5—10分钟，难度介于大学英语四级听力到六级听力之间。

（二）“听说一体”的综合技能训练

在交际过程中，听力练习与口语练习密不可分，听与说即输入与输出的过程。听说综合技能包括：捕捉并记录信息、复述听力材料以及就涉及话题展开讨论等。在教学过程中，听力材料通常播放三遍，每次播放都设置有针对性的练习和任务。比如，播放第一遍时，主要训练学生对视频大意及结构的把握；第二遍锻炼学生速记能力，通过设置问题考查学生细节信息捕捉能力；第三遍关注英文表达，要求学生以小组为单位复述视频材料，然后就听力话题展开讨论。在听的过程中，“说”贯穿于听前预测、听音练习和复述及引申讨论的各个环节。这些循序渐进的任务，不仅锻炼学生的听力和速记能力，增加学生相关词汇和表达的积累，还使其在输入的基础上有效输出，逐步提高学术交际能力。

（三）以输出为导向的小组讨论

我们的课堂应该让学生在师生互动、生生互动中，在各种信息的反馈中循序渐进地锻炼提高学生洞察力和分析力。① 然而，大班授课模式（班级人数通常在50人以上）和学生英语水平的差异为课堂互动增加了难度。为解决这一难题，我们开展“以小组合作学习促进语言输出”的教学活动。学期初，将班级分成若干个7—8人小组，分组坚持“组间同质，组内异质”的原则，尽量做到每组在专业、性别、英语程度、性格等方面的平衡。每组推选出认真而组织能力强的组长负责协调组内成员，带领组员开展活动。以第五单元话题“转基因食品的利与弊”为例，首先由教师布置任务，学生课下通过查阅并整理资料，形成两分钟的小报告。课上为学生留出15分钟时间用以组内展示。然后，综合全组发言，合作完成终稿，最后推选一名代表在全班展示。组长负责填写小组讨论情况登记表，督促同学积极参与。组内和组间的讨论和交流可以帮助学生克服焦虑和害羞，激励学生的参与意识，锻炼学生的思维，使其养成善于表达观点的习惯。另外，通过小组合作和组内学生自我反思、自我监控，学生逐步取长补短，有效提高交际技能。

---

① 郭海英：《输出驱动下的大学口语有效性教学的策略》，《湖南科技学院学报》2014年第2期。

（四）以项目为驱动的学生展示和师生共同反馈

项目教学法在教学框架上重视以课文为基点，以项目为延伸，以学生独立完成项目为学习方式，以成果展示作为评价手段。[①] 我们的听说课也提倡项目驱动的理念。在整学期的听说课程中，每一位学生都有英文展示汇报的任务。学生从教材中选择话题，根据自己兴趣确定研究切入点，通过查阅资料和调查研究得出结论，最后制作成 PPT 进行全班英文展示，并回答学生提问。整个活动中，教师不仅是设计者，还是引导者。首先，教师要为学生介绍展示技巧、注意事项，并从展示的形式、内容安排、语言、逻辑性和连贯性、PPT 制作以及与听众互动等方面提出具体要求。在学生展示过程中，教师要认真做好记录，并给出评价和修改意见。教师需要有过硬的专业知识以及灵活的教学理论和方法，才能有效把控课堂，充分调动学生积极性，让学生最大程度得到锻练。

四 以需求为导向的学术英语口语教学效果

为检验学术英语听说课程的教学效果，我们首先对研究生英语教研室的七位任课教师进行专门访谈。授课教师一致认为，与传统研究生英语听说课程相比，现在的教学模式更能激发学生兴趣，提高学生课堂参与性和学习主动性，学生英文表达能力较学期初有了明显进步。学期末，我们对参与问卷的 1100 名同学再次进行“学术英语听说教学成效和教材评价”问卷调查。结果显示，学生对本课程的满意率和基本满意率达到 93%。学生听说能力的进步主要体现在：（1）听力和速记水平有显著提高，并积累了大量专业词汇和相关句式；（2）学生在话题准备、小组讨论及个人展示过程中锻练了表达能力、概括能力和思辨能力；（3）经过专门训练，学生习得了学术

① 姜有为、刘智娟：《论认知法在项目驱动词汇教学中的运用与实践》，《外国语文》2012 年第 7 期。

交流技巧，从而更加自信。

五 结语

全面提高研究生学术英语听说能力和英语应用能力是研究生教育的重要目标。我校研究生学术英语听说课程实践证明了“学生需求为导向，内容为依托，教师主导学生主体”教学理念指导下的研究生口语教学实践值得提倡。当然，教学中还存在一些有待改进的方面，比如为基础较差的同学提供更多发言机会，提高学生讨论效率等。我们坚信，随着高校教育国际化和教学改革的深入，学术英语听说教学会日臻完善，更好地满足研究生学术交流的需求。

体验式研究生英文科技论文写作教学研究

吴增欣

一　研究生英文科技论文写作课程现状

近年来，为全面提高研究生英语科技论文写作能力，不少高校尝试为研究生开设英文科技论文写作课程。然而，该课程在实际开展中遇到诸如缺乏行之有效的英文教材、学生学科背景差异、课程设置欠合理、作业布置和课程考核方式存在困难、教学方法单一、教学效果欠佳等一系列的问题。

面对研究生国际学术交流的现实需求，北京林业大学研究生公共英语教研室自 2011 年秋季学期开始，为非英语专业研究生开设学术论文写作公共必修课程。该课程将体验式教学理论的原则和方法贯穿于整个教学实践过程中，即立足学生实际，在教材编写、教学活动设计、作业设置、考核方式等各个教学环节中，引导学生在体验中习得科技论文写作的知识和技能，取得了良好的效果。

二　体验式教学理念的原则和方法

体验式教学理论是对建构主义理论的发展和深入。体验式的教学核心理念是在整个教学过程中，让学生通过真实或模拟的语言学习活动，获得语言体验，反思总结，增强信心，体验成功的快乐。①

① Feez, S., Text-based Syllabus Design, Sydney: National Center for English Teaching and Research, 1998。

（一）尊重学生差异，充分考虑学生知识背景和经验

体验式的外语教学的理论基础是建构主义理论。皮亚杰指出，学习过程中的建构是个体参与的意义构建，是个体根据自我经验而达到的理解。[①] 基于此理论的体验式教学必须接受学习者的个体差异，努力满足学生的个性化要求。让学生能够在有效的体验过程中各取所需，用其所能。

（二）学习是体验的过程

学习是一个基于体验不断延续的过程。学习的过程是处理主体与客体，具体体验与抽象概念等矛盾统一体之间的关系的过程，是与环境交互的过程。[②] 因此，学生习得知识不在于教师的灌输式讲解，而是学生从自己的知识经验出发，在体验中收集信息、观察思考，最后将体验所得与自己已有的经验相结合，如此不断的循环往复，将知识、能力、情感态度不断内化的过程。

（三）关注教学全程和学生进步的多元化评价

体验式认为学习是过程而非结果，因此，体验式理论下的学生评价不提倡传统教学中的终结性评价机制，而应从教学全程对学生进行形成性评价。对学生考评应包括体验前的准备、体验中的思考、与其他同学的合作交流、体验后的反思总结以及师生间的反馈等一系列体验活动在内的形成性评价。

评价内容、评价主体、评价手段也应该是多元化的评价。评价内容包括语言知识和语言技能增长、资料收集和加工、与他人交流合作、独立思考、对自身和其他同学评价反思等多种能力的提高；评价手段除卷面考试外，还应该包括课堂表现、讨论、反馈、面授等；另

---

① Kolb，D. A.：*Experiential Learning：Experience as the Source of Learning and Development* New Jersey：Prentice-Hall，1984.

② 程琪龙：《体验式外语学习的认知功能探究》，《中国外语》2009 年第 5 期。

外，评价不再是教师一个人的专利，而是包括教师点评、学生互评、学生自评等多种评价主体。

三　体验式理论指导下的科技论文写作教学实践

英语科技论文写作教学的关键是教学内容与教学方法的有机整合。体验式教学理念在科技论文写作教学实践中的应用主要体现在如下五个方面。

（一）教材编写理念和范式为学生的学习体验奠定基础

当今，“科技论文写作”的教材不胜枚举，但真正适合学生需求，能够有效激发学生兴趣的教材却寥寥无几。有鉴于此，北京林业大学研究生英语教研室在调查学生需求的基础上，自主编写了由中国人民大学出版社出版的《英语科技论文写作》作为教材。在内容设置方面，本教材涵盖了摘要、引言、方法、结果、讨论五个主要部分以及标题、图表、参考文献、文献搜索等共计九个章节。每个章节针对该部分的内容要素、结构特征、常用惯例、基本范式、语言特点、常用句式等方面逐一展开，帮助学生在语料分析和针对性练习的体验中思考、讨论、分析、总结。与大部分科技论文书籍不同，本书的指导思想是建构主义教学理论，即通过学生自我建构，习得知识及相应技能。该教材致力于引导学生通过阅读有针对性的真实语料，自主分析归纳，完成相关知识和技能的建构。在授课方法上，教师应以学生为中心开展一系列循序渐进的讨论，从而帮助学生逐步建立科技论文写作的概念。

（二）语料和教材内容选取方面尊重学生差异，充分考虑学生学科和需求的差异

不同专业研究生在知识背景和研究方向方面存在很大差异。北京林业大学的学科设置涵盖了工学院、园林学院、生物学院、水土保持

等 14 个学院。同一英语班级中学生在学术论文写作规范方面存在学科差异。其中专业词汇、专业相关实验操作、实验方法、研究背景、研究理念等方面的差异是研究生学术论文写作教学最大的挑战之一。因此，我们要充分考虑到学生差异，选取的教学内容应既符合研究生知识共核，同时又能体现不同学科特色。

针对这一问题，我们在学习教材上的语言材料之外，还通过对学生及研究生导师的调研，针对不同学科精选了 12 篇英文学术论文作为辅助学习语料。12 篇语料选择的标准有三个：第一，文章来源于该领域影响因子大的高级别期刊；第二，文章难度适中，不涉及过于专业的内容；第三，文章作者应为英语为母语，语言表达简洁规范。除此之外，我们还将学生的学习体验由课上延伸至课外。每个章节学完之后学生的作业是搜集本专业英文文献，对比课上分析语料与本学科英文论文的异同，巩固所学知识。我们将专业相同或相近的学生划分为同一小组，共同探讨课下自主学习中遇到的问题。

（三）“以项目为驱动”为学生铺设循序渐进的体验经历

项目教学法在教学框架上重视以课文为基点，以项目为延伸，以学生独立完成项目为学习方式，以成果展示作为评价手段（姜有为、刘智娟，2012）。[①] 我们教学的开展同样采取“项目驱动”的方式。学生在整个学期需要完成的项目是基于自己的专业和研究方向，撰写一篇英文学术论文（2000 字左右）。

学期总项目是由若干个小项目综合而成。整个项目的实施包括六个主要步骤。（一）学期初，要求学生结合自己专业用中文撰写研究方案（当前正在的研究课题，或是曾经研究过的课题，抑或是本科毕业论文的研究课题），以此作为本学期英文论文撰写的蓝本。（二）教师带领学生按照教材内容设置，逐步完成学术论文各个部分（标题、摘要、引言、方法、结果、讨论图表、参考文献）的学习，

---

① 姜有为、刘智娟：《论认知法在项目驱动词汇教学中的运用与实践》，《外国语文》2012 年第 7 期。

引导学生系统了解科技论文的语言特点、结构以及写作要素。（三）学生阅读各自学科领域的相关文献，进一步巩固课堂上习得的学术规范、内容特征、语言表达等知识和技能。（四）学生在掌握了每个部分结构特征和语言特点的基础上，依照起初的研究方案，完成该部分论文的初稿。（五）初稿完成后，进行小组互评；基于小组互评的反馈信息，修改初稿，形成Ⅱ稿；接下来是教师批阅，根据教师建议，学生再次修改形成Ⅲ稿。（六）学期末，学生将之前完成的每个部分的终稿连接成一篇完整的论文，并添加参考文献，最终完成整个学期的项目任务。学生在整个项目完成过程中，科技论文写作能力得到有效提高。

（四）将网络语料库作为学生课下体验拓展的工具

现代网络有许多大型通用语料库提供在线免费服务（如 COCA），为学生学习提供海量的真实语料。我们倡导学生使用现代网络语料库，从而使学生在课下能够进一步自主体验。在线网络语料库为学生提供同近义词搜索、词频统计、相关度排列、通配符功能、连续和非连续的词组搭配检索功能、检索词词性限定、上下文限定等一系列功能，一方面为学生增加真实语料信息，积累相关语言表达，提高学术英语语块识别、积累以及运用能力；另一方面还能够在学生学术论文写作和修改中起到辅助作用。教师在学术论文写作教学中可以通过强化学生的语块识别、运用能力的培养，使语料库成为辅助提高学生学术英语论文写作水平的有效途径。

（五）基于整个学习过程的形成性多元评价

传统评价模式是将期末考试作为唯一评价标准的终结性评价，这种评价方式忽视了学生体验中的思维过程，不利于锻炼学生思维能力，从而压制了学生的学习动力和学习热情以及解决问题的创造性。与之相反，我们的学术论文写作课程采用形成性的、多元评价。

该课程在整个课程学习过程中对学生进行多层次、多方面评价和量化。学生在课堂上参与讨论的情况、课下文献分析、相应论文片段撰写、同学论文互评、论文习作修改、小组讨论、课堂展示等方面的表现均是此门课程综合成绩的考量标准。最终成绩包括平时的学生出勤、小组讨论、作业互评、作业修改各项内容以及学期末的提交的英文学术论文两个大的方面。这种考核方式能够有效提高教师对学生的监督和指导，也为提高学生自主学习、积极体验提供了支持。另外，我们对学生的评价包括学生互评、学生自评、小组评价、教师评阅在内的多元评价。

四　结语

全面提高研究生英文文献阅读和写作能力是研究生教育的重要目标。北京林业大学科技论文写作课程经过三年的摸索，取得了良好的效果。在 2012 年和 2013 年的两个学期末，我们对 1100 名研究生进行“英文科技论文写作教学成效和教材评价”问卷调查并随机对 20 名不同专业硕士生导师进行访谈。调查结果显示：对本课程的满意率达到 95%以上。学生普遍认为，通过该课程的学习，学生对英文科技论文写作的基本范式有了较系统的了解，增加了与科技论文写作相关的语言知识，并在论文撰写和修改过程中，提高了学术论文写作能力。硕士生导师也对该学期内学生英文文献阅读能力和学术写作能力的提高表示充分肯定。科技处英文科技论文统计结果也表明，近三年硕士研究生英文学术论文发表的质量和数量有了大幅提高。由此可见，以体验式教学理论为指导下的研究生科技论文写作教学模式值得提倡。当然，我们的教学中还存在一些有待改进的问题：比如，英语基础相对薄弱的同学的参与程度不高，个别小组的学生讨论存在费时低效的弊端。我们坚信，随着高校教育国际化和教学改革的深入，英文科技论文写作教学会日臻完善，更好地满足研究生国际学术交流的需求。

以学生为中心，全面助力大学英语教学发展

——《新编大学英语》使用体会*

罗凌志　史宝辉

外语教学与研究出版社出版的《新编大学英语》是随着20世纪末大学英语教学改革问题的提出应运而生的几部大学英语新理念教材之一，1999年推出第一版，2004年修订第二版，2012年出版第三版。十多年来，该教材见证了我国21世纪初期大学英语教学改革的成就，为这一改革的实践做出了突出贡献，入选教育部“普通高等教育‘十一五’国家级规划教材”“2007年普通高等教育精品教材”，并获国家级教学成果奖二等奖。

自该教材出版以来，我校一直选用这套教材，并与其他一些学校一起编写了配套的快速阅读教程，教学效果甚佳，师生反应良好，学生四、六级考试和参加各类竞赛的成绩直线攀升，英语应用能力有了很大提高，2011年我校被教育部列入大学英语教学改革示范点项目学校。这套教材秉承“以学生为中心”、融合各项语言技能的教学理念，由几个部分组成。

1.《新编大学英语综合教程》学生用书（配有光盘）及教师用书。

2.《新编大学英语 视听说教程》学生用书及教师用书（均配有光盘）。

3.《新编大学英语》网络课件。

---

* 此文原发表于2012年第1期（总第19期）的《外研之声》上面，第40—42页，2012年3月，内容有修改。

4.《新编大学英语 快速阅读》。

5.《新编大学英语 长篇阅读》。

该书以教育部《大学英语课程教学要求》为指导，结合新形势下的教学需要，通过科学的设计、严谨的编写与丰富的资源有效促进学生英语综合应用能力、自主学习策略与综合文化素养的培养。使用这套教材有助于我们改革传统的教学模式，在教学实践中探索多种教学模式，推动我国外语教学改革的全面实行。

一 选材内涵丰富，体现时代特色

《新编大学英语》的选材结合新一代大学生的知识结构和思维特点，充分体现出时代性、知识性、趣味性和可思性。教材的主题涵盖人与人、人与自然、人与社会等方面的关系，既包括生活、学习、情感等日常话题，又涉及经济、政治、历史、文化、科技等深层次问题，适合学生的认知能力和心理需求。选用的课文具体涉及大学生活、学习技巧、语言、爱情、心理、健康、食物、音乐、旅游、度假、购物、创造力、文化、货币、社会问题、人与动物、自然与环境、冒险、时光等方面的知识内容，以反映现实生活为主并具有一定的启发性，选文大多为近年来美、英报刊上的文章，大都是文质兼美的名篇佳作，形式与内容兼顾。文章体裁非常广泛，有记叙文、议论文、说明文、人物传记、现场演讲、神话传说、日记游记等。语言活动的素材尽量保持原貌，让学习者真正见识英美人民在语言交际中实际使用的原汁原味的英语。

课文的题材和体裁越丰富，学生所能学到的语言也就越全面，也更加有利于教师把握主题，仔细分析教材，深挖教材，把文章的知识性和思想性有机地结合起来。仅以各册书的开篇为例，编者把修身立人的篇章作为各册书的开篇，意境深远。在《新编大学英语综合教程》（第三版）中，第一册开篇《以生命相赠》展现可贵的友情和人性善良的光辉，启发进入大学的大一新生对人性及人际关系有更深刻的认识，学会在新环境中如何与人和谐相处。第二册第一单元把家庭价值作为“立人教育”的根本内容，课文《善良之心 永世相依》描写父子情，利用朴实而真诚的叙事表达爱的主题，作者在觉悟的过程中审视自己，体会到成长，学会爱，给读者留下要有大爱才能有大德的思考。第三册和第四册分别选用《羞怯的痛苦》和《享受幽默——何以令人开怀?》作为开篇，把情商中的自我意识和自我修养提升到更高地位，让大学生在英语教学过程中更好地认识自我、认识生命，努力发展健康的个性。这样，教师结合编者的“良苦用心”指导学生学习，可以对学生思想认识的提高乃至世界观、人生观、价值观的确立以及人生道路的选择产生深刻的影响，教师在教学中加以正确引导，潜移默化地进行德育渗透和思想教育。

二　以学生为中心，培养自主学习能力

如编者所说，《新编大学英语》教材以学生为中心，从学生需要出发，“关注学生的学习信念、条件、兴趣和策略”，发挥学生的积极性、主动性和创造性。该教材为课堂教学提供了丰富多彩、形式多样的语言实践活动（如课堂报告、双人练习、小组讨论、小组竞赛、课堂辩论、角色扮演等），这些活动针对性强，能够促进学生积极思考、自觉参与、获取知识、学会语言、提高能力，做到了以学生为主体。以学生为中心的教学模式还体现在课内外结合，注重学生自主学习能力的培养。《新编大学英语》教材、光盘与网络课程之间相互支持，为课堂教学与网络自主学习提供了丰富的立体化资源，能够满足新教学模式的需要，为学生创建个性化、自主式的学习环境。此外，《新编大学英语》在每课的阅读活动中都安排了与课内阅读材料难度适中的课外阅读材料供学生课外自学。对这些材料中的语言难点、文化背景知识和四、六级词汇也都有较详细的注释，为学生自学提供方便，减少了对老师的依赖，有助于提高自学能力。

为更好地调动和培养学生的自主学习能力，结合教材的编写特

色，任课教师可适时采用翻转课堂教学模式，对传统的教学流程进行重构。翻转课堂，是通过颠倒知识传授和知识内化，来改变传统教学中的师生角色并对课堂时间的使用进行重新规划的新型教学模式（张金磊、王颖、张宝辉，2012：46—51）。在教学中，英语教师在课前设计好某单元的学习任务单，以电子书包的形式，明确课前自主学习的内容、目标、学习资源、考察内容和方式等。教师给学生提供与本单元教学内容相符的文本和音视频材料，制作主题教学视频。学生观看后完成教师布置的针对性练习，同时将学习中的困难和难点汇报给老师。在课堂上，教师结合教学目标、教学内容和之前学生自主学习情况，归纳出关键问题加以强调，然后当堂检查学生任务完成情况。此时教师宜创设互动课堂，尽可能为学生创造实践听、说、读、写各项技能的机会，例如让学生以口头报告、演讲、对话、辩论、小组表演或讨论、相互检查翻译和写作作业等形式加强合作学习，巩固所学内容和英语表达，教师做出针对性评价。在此过程中教师要善于营造开放的课堂与和谐的、平等的课堂氛围，鼓励学生独立思考，另一方面也要善于循循诱导，保护学生的好奇心，培养他们的自主性和创造意识。通过不断与学生沟通，注意他们的反应，时刻掌控教学进程的发展，恰到好处地为学生的语言活动提供指导，使课堂活动有序地进行。翻转课堂教学模式对于学生的学习态度有较高要求，学生必须以认真和配合的态度去完成课前和课中的任务，通过练习应用所学内容和英语表达，完成对知识的内化，同时实现英语听、说、读、写、译能力的共同提高。

三 采取主题教学模式，培养英语综合应用能力

《新编大学英语》的另一特点是采取主题教学模式。《新编大学英语》每单元围绕一个贴近实际、贴近生活、贴近学生的主题，学生所有听、说、读、写、译等活动都是围绕这些主题展开，这有利于学生通过大量的综合操练，多角度、多层面、反复地运用所学到的语言

和文化知识，表达个人的感性认识和理性知识，从而达到培养学生英语综合应用能力的目的。

教材每个单元都包括四个部分。

1. 准备活动：在正式讲解课文前围绕单元主题及相关内容进行比较浅显的预备性提问或讨论，引起对该主题的注意，同时培养说的能力。

2. 以阅读为中心的语言活动：包括课内阅读和课后阅读，学生在阅读围绕单元主题的材料后完成一定任务。阅读后的练习以理解大意和细节及词汇为主，阅读练习尤其注重对阅读材料结构和大意的把握，词汇练习则要求学生掌握本课的重点生词。本部分主要培养阅读能力和提高词汇量。

3. 巩固与提高：围绕主题的多种形式语言实践活动，包括辩论、演讲、小组讨论、模拟对话、短剧写作等，巩固学生对该单元内容的学习。学生可以把前三部分学到的东西融会贯通，提高语言表达能力。

4. 翻译和写作：含有翻译技巧点拨、翻译实践和写作实练，培养学生翻译能力和对英语句型和短语结构的掌握。通过围绕主题的作文练习，使学生在用词、语法、篇章结构、主题展开以及综合运用语言方面取得进步。翻译部分的编排非常巧妙，先在课内阅读练习最后部分针对关键词或短语进行句子翻译试练，然后在第四部分予以翻译技巧和方法指点，辅以课文句例和其他举例，然后让学生再进行试译。这种有指导性的翻译效果更加显著。此外，翻译练习和后面的写作又密切配合，为写作铺路，做到了相辅相成。

四　展示多元文化，培养文化自信

《新编大学英语》响应《大学英语课程教学要求》中关于以跨文化交际为教学主要内容之一，提高学生综合文化素养的教学目标要求，重视对文化内涵的挖掘，强调中西方文化的对比以及文化导向手段在教学过程中的作用。教材所选文化内容与学生的文化认知能力和现有的语言能力相符，能够满足学生对多元文化和各门类信息的需求，充分体现了语言与文化的高度统一。例如，第一册第九单元探讨了中外不同节日文化，第二册第七单元用三篇文章分别介绍中西文化差异，包括“外国妻子如何跨越中西文化沟壑”“美国的宴请习俗”以及“不同国家的文化禁忌”，第六单元还介绍了“饮食与文化”，在第四册第四单元介绍了中西文化影响下培养孩子创造力的不同习惯做法。这些知识对学生跨文化交际及素质培养大有裨益。

教师们已经意识到跨文化交际已成为大学英语教学的重要内容，而思想文化的交流是双向的，因此在教学中宜采用双向文化导入教学模式，增加西方文化和中国文化双向导入，进行中西文化对比，探讨两种文化的共性和差异，培养大学生对中国文化和西方文化的敏感性和认知能力，感受中华文化与世界文化的融合和碰撞，提高学生对不同文化的理解及跨文化交际能力。

在进行双向文化导入模式教学时，教师应注意避免过于集中的、生硬的、说教式的导入，而应努力进行渐进的、自然的、启发式的导入。教师在介绍和解释西方文化时，要坚持辩证分析和批判接受的原则，帮助学生了解和吸收外国优秀文化精华。同时，作为外语教师，促进学生对中国传统文化的理解，也具有重要意义和文化价值。要在教学过程中正确引导学生认识、积累和感悟中国文化元素，更好地传播中国文化，理解外来文化和民族优秀文化之间的异同，具备较强的文化鉴别力，洋为中用，实现真正意义的“跨文化交际”。这样，既使学生更深入地了解了西方文化，也感悟到中华文化的博大精深，同时锻炼了学生用英语表达本土文化的能力。

五　鼓励个性化教学，促进教师专业化发展

《新编大学英语》以丰富的教学资源为教师提供了广阔的自主设计与发挥空间以及全面、系统的教学支持。教材采用的“以学生为中

心”的主题教学模式可以使教师做到因人制宜、因地制宜、因时制宜，在授课时对教材内容、教学方法做出必要而谨慎的调整。作为课堂活动的设计者和管理者，学生问题的分析者和解答者，教师应充分调动学生的积极性，有效地组织起以学生为中心的、生动活泼的教学活动，及时为他们排忧解难，成为他们学习的引路人；作为中西方文化的传播者，教师要从学生的学习兴趣、生活经验和认识水平出发，引导学生参与合作与交流，探索多元文化，提高跨文化意识和形成自主学习能力。

教师的教学方法要紧扣教材、博采众长。教师可将启发式、直观式、讨论式、任务型教学法、视听法、语篇分析教学法、案例教学法及传统的语法翻译法有机结合起来，采各家之长，灵活运用，求得教学的最佳效果。例如，在阅读教学中，教材为教学者与学习者既提供了丰富、新颖、富有时代特色的素材，也提供了方方面面的问题与练习，使得教师和学生都有参与和探究的欲望。教师可以根据课文难易程度和不同的体裁采用不同的教学方法，如对内容、语言简单的文章采用提问法，叙述性文章采用讲故事法，有难度的议论文采用讲解法，与学生紧密相关的话题可采用讨论法。

同时，教师还可优化教学辅导手段，合理开发和利用广播电视、英语报刊、图书馆和网络等各种资源为学生创造自主学习条件，提高英语教学质量。利用音视频以及计算机和多媒体教学软件探索多模态教学模式，促进个性化学习。多模态是语言、声音、图像、机器、环境、学生和教师的有机结合。教师通过设计真实、针对性强，具有可操作性的任务并利用多媒体的优势构建多模态教学模式，充分调动学生的视觉、听觉、触觉体验，增强课堂的生动性和艺术性，提高学生的学习兴趣和积极性。教师可以充分利用计算机、投影仪等教学设备，也可通过网络等渠道收集相关主题的英语信息包括音视频、文字纸版信息，甚至实物等，给学生视觉上的直观感受，以提高素材输入的多样性，增加学生课堂的多元互动，从而保证听说读写译的输出效果。其次，搭建可以实现多模态学习的英语学习平台，如网络学习平台，小品比赛、影视配音比赛、英语小话剧比赛、英语晚会等，为学生创造利用各个感官学习英语的语言环境。

结语

通过多年的实际教学应用，《新编大学英语》确实体现了“以学生为中心”、重视学生的需求、融语言综合能力为一体的新的教学思想。教材选材注重文化内涵、思想深意与创作视角，内容贴近实际，语言鲜活生动，反映时代发展，展现语言魅力。在教学理念、主题内容、语言素材、练习设计、立体化资源等各方面体现鲜明特色，能够有效促进学生语言能力与综合素质的提高。从英语教师的角度来说，我们应该真正认识到“以学生为中心”的主题教学模式的科学性，开发利用这套教材，注重学习任务的设计，激发学生的学习愿望和兴趣，把学生从被动推向主动，从消极推向积极。采用合理的教学方法、教学模式和丰富的教学手段，展开多种形式的课堂语言实践活动，为学习者创造一个有利的学习环境，提高教学效果。

现代信息技术下的大学英语网络化教学构建

——以北京林业大学为例

郭　陶

教育部在新的《大学英语课程教学要求》中提出："各高等学校应充分利用现代信息技术，采用基于计算机和课堂的英语教学模式，改进以教师讲授为主的单一教学模式。新的教学模式应以现代信息技术，特别是网络技术为支撑，使英语的教与学可以在一定程度上不受时间和地点的限制，朝着个性化和自主学习的方向发展……"① 这种新的教学模式能够模拟教学情景，提供语言交际情景，激发学生的学习兴趣，提高自主学习的能力，培养创新精神，促进学生素质的全面发展。

一　大学英语网络化教学构建的理论依据

大学英语网络化教学的创设是以建构主义理论为依据。建构主义（constructivism）也译作结构主义，是认知心理学派的一个分支。建构主义理论是瑞士认知心理学家让·皮亚杰（J. Piaget）最早提出的，他提出了认知是一种以认知主体已有的知识和经验为基础的主动建构的理论。在皮亚杰的"认知结构说"基础上，许多专家、学者，如科恩伯格（O. Kernberg）、斯滕伯格（R. J. Sternberg）和卡茨（D. Katz）、维果斯基（Vogotsgy）等，从不同角度发展了建构主义理

① 教育部高等教育司：《大学英语课程教学要求》，外语教学与研究出版社 2007 年版，第 5 页。

论。他们的研究使建构主义理论得到进一步丰富和完善，为实际应用于教学过程创造了条件。

建构主义理论的核心可以概括为：知识不是通过教师传授得到，而是学习者在一定的情境即社会文化背景下，借助他人（包括教师和学习伙伴）的帮助，利用必要的学习资料，通过意义建构的方式而获得。教学要创建有利于学生建构意义的情境，教师要成为学生建构知识的积极帮助者和引导者，激发学生的学习兴趣和学习动机。学生是认知主体，是知识意义的主动建构者，而不是知识灌输的对象；教师应该成为学生建构知识的帮助者和引导者，而不是传统上的权威和知识传递者；学习不是认知主体被动接受信息刺激，而是学生对知识的主动探索、主动发现和对所学知识意义的主动建构。

这一理论一方面强调学习过程的真实性和社会性。学习者在整个学习过程中处于与他人密切联系的真实社会情景中，通过自己的学习行动参与学习过程，发挥自身学习主动性；学习者在自身设定的学习目标指引下，将新旧学习内容融会贯通，将相关信息进行拓展，全面掌握学习内容，积累知识。① 另一方面，它强调学习者的主体作用，他们不仅是信息加工的主体，也是知识意义的主动构建者，而教师应该由知识的传者、灌输者转变为学习者主动建构意义的帮助者和促进者。② 因此，实施多媒体网络环境下的大学英语教学，正是建构主义教学理论的实践。

二　大学英语网络化教学特点

传统的大学英语教学是单一方式进行的知识单向传授，是以教师为教学中心、学生被动接受的课堂教学。这种教学模式因为受到学时

① 贾国栋：《现代网络技术与大学英语教学模式改革：基于校园网的教学模式设计与实验研究》，《外语界》2003 年第 6 期。

② 何克抗：《建构主义——革新传统教学的理论基础》，《教育技术研究》1997 年第 1 期。

少、时间紧等因素限制，很难创设语言学习的真实情境，使语言的学习缺少交际应用的真实语境，影响了语言交际功能的实现，因此学生实际语言运用能力低下。

英语网络化教学是将网络技术作为构成新型学习生态环境的有机因素，充分体现学习者的主体地位，以探究学习作为主要学习方式的教学活动。[①] 网络本身就可以看作是一个生动丰富的背景课堂，它能为学生提供个性化的学习空间，满足其自主学习的要求，也为教师提供丰富的教学资源，不仅能充实课堂教学，而且能利用网络为教学创设形象逼真的环境、动静结合的画面、声像同步的情景等，帮助学生完成知识的建构。多媒体网络环境下的英语教学具有开放性、创造性、认同性和形象性的特点。网络化教学模式的学习环境的超时距化、资源开放化、共享化、多元互动化、教学过程虚拟化等优势弥补了传统教学模式的缺陷和不足。[②] 网络教学也有其缺陷，比如，它缺少传统课堂教学中师生之间的互动和交流，因此缺失了情感因素在教学中的作用。所以，网络化教学应该与课堂教学相结合，各取所长，发挥各自优势，以达到最优化的教学效果。

三　大学英语网络化教学构建进程

2011 年，北京林业大学外语学院承担了教育部“第三批大学英语教学改革示范项目”，致力于探索大学英语课程的创新之路，以实现英语教学与数字信息化网络教育技术的结合，实现多媒体网络教学。

（一）硬件配置提供技术保障

学校投入了大量的资金更新了教学多媒体，建立了多个网络语音

① 肖万成、李志华、武爱华：《网络教学探析》，《呼伦贝尔学院学报》2004 年第 1 期。

② 樊泽恒：《网络教学设计的整合思想及过程模式构建》，《南京航空航天大学学报》2003 年第 3 期。

实验室。购置了一套智能高清广播级数字录播系统，建成了网络课程制作中心，所有设施已经全部投入使用。另外，实现了校园局域网全覆盖。这些举措为推进教育创新、促进现代信息技术在教学中的应用、实现优质教学资源共享提供了有力的技术支撑和保障。

借助这些现代的教育设施，外语学院英语教师制作了“北京市高等教育精品教材建设立项项目”《英语国家概况》的电子教程；同样由一线英语教师主持的精品视频课“英语话中华”获得了“北京市支持中央在京高校共建项目”支持，正在建设成面向整个北京市教育系统的精品视频开放课；此外，大学英语系列视频课、微课的录制完成不断更新着英语教学的形式和内容。

（二）引进在线互动教学软件 Unipus，创建大学英语数字教学平台

为了帮助英语教师实现教学一体化，对学生学习进行形成性评估和终结性评估，帮助学生创建自主学习环境，外语学院引进了外语教学与研究出版社开发的 Unipus 大学英语数字教学平台。Unipus 即数字化教学共同校园，是外语教学与研究出版社开发的在线互动教学软件。大学英语数字教学平台顺应了教育技术智能化、交互化、自主化和移动化的发展趋势，力图创建学习者、教学者、研究者、管理者、教育资源与服务提供者等多方参与的教育生态，是推动多方联动、多维空间的开放校园。[①] 学生可以通过个人电脑、平板电脑或者手机等终端在校园网内随时在线学习。Unipus 教学平台以图片、音频、视频、微课等形式为学生提供了丰富的学习资源，包括各种大学英语基础教程的配套课程和语言技能类拓展课程等，能满足不同层次学生的学习需求。

Unipus 大学英语数字教学平台能够实现学生自主学习的要求。学生可以根据自身的具体情况制订学习计划，选择教材，安排学习时

---

① 张飚、卫碧芹：《基于 Unipus 大学英语数字教学平台应用的思考》，http：//www.docin.com/p-1692186922.html。

间；同时，学生可以根据学习效果选择重复或跳过某些内容，从而控制学习进度。在每一阶段学习结束，学生还可以进行自主测评，根据评价结果及时调整学习计划和进度，从而提高学习效率，顺利完成学习目标。

教学平台包括教学通知、学习进程监控、学习情况查询、作业练习、测试评估、学期考核等项。教师可以提前登陆平台设定本学期的教学内容、单元章节学习过关条件及考核标准等；在学生学习中，教师还可以通过平台了解学生上网记录、作业完成情况、学习进度等；学习结束后，教师可根据学生的上网时间统计、课程参与度、教材学习详情、在线作业完成情况以及测试成绩等多方面对学生进行学习成果评价，使考核相对全面客观。

网络化教学平台打造了一个不同于传统教学的新型教学平台，在平台中，学生能够根据自己的基础、程度、时间灵活地进行自主学习，教师能够通过监控学生的学习情况及时发现问题，适时地提醒学生，同时对自己的教学进行必要的调整，以达到更好的教学效果。

（三）创建英语教学网站，建设外语教学网络资源库

为了促进网络教学的建设，实现教学资源共享，外语学院建设了“基于中西文化教育的大学英语系列课程”的教学网站。网站暂设课程主页、教学队伍、课程简介、教学大纲、教材建设、电子课件、核心词汇、背景知识、学术论坛、网络资源等十个栏目，充分发挥计算机多媒体技术在教学应用中的优势，尽可能体现网络教学技术与课程教学目标有机地整合。实现了教学资源的数字化和教学空间的延伸，使学生能够充分利用网络信息的便捷，在扩大知识面的同时，学习西方文化的精华，了解最新的文化研究成果。

在网络化教学中，网络教学资源是核心，是网络教学和学习得以顺利进行的重要保障。建设教学资源库是为了整合优秀的教学资源，实现资源的共享，达到提高教学质量的根本目的。教学资源库的建设也是为了促进教育技术与课程的整合，为创新教学模式提供有力的支

持，它可为网络课件的开发和教师的备课提供丰富、优质的教学素材，同时也为学生利用资源库获取信息及主动学习提供了条件，为全面推进教学改革和实现教育信息化提供了有效的支持。

北京林业大学外语学院在 2014 年申请了校级教学研究改革项目“公共外语教学网络资源库建设与研究”并获得批准。目前正在着手建设包括英语和日语在内的教学资源库。外语学院前期进行的精品课程和大学英语教学示范点建设、大学英语视频公开课、微课资金支持项目以及主持编写和出版的一系列特色教材等多项工作为资源库建设积累了丰富的教材编写经验，提供了大量的教学资料及素材，为项目实施提供了良好的资料条件。

外语学院的网络资源库建设和使用涉及的主要对象为全校大学英语学生、日语“二外”学生及担任课堂教学的教师。总体上包括资源库管理平台建设研究、网络学习资源素材库建设研究和网络教学资源库模块建设三个方面的研究。

资源库管理平台建设研究主要是建设网络在线平台和资源库管理平台，通过后台管理软件，管理和维护整个网络学习资源库，通过浏览器可以访问网络资源库，实现网络学习资源全校覆盖，学生可以使用个人电脑、平板电脑或者手机等终端在校园网内随时在线学习。此外，对资源建设有关人员（如老师、技术组人员）进行有针对性的培训，使各部分人员掌握工作的技术细节，明确网络资源库建设的目的、任务和网络资源平台的操作规则等。

网络学习资源素材库建设研究应该根据专业的学科属性和学科要求的不同，按照教学大纲的内容规划外语教学网络资源库建设的具体内容和结构，完成网络资源素材库的建设，涵盖学科基础教育模块、专业教育模块、中西方文化模块，及其他相关知识模块，具体包括大学英语网络学习资源素材库建设和日语公共外语网络学习资源素材库建设。

网络教学资源库模块建设也会构建大学英语网络教学资源库和日语公共外语网络教学资源库。网络教学资源建设是外语教学资源库建设的基础，应该利用现代信息技术，推动教学资源开发与应用，根据各专业和学科的需求和特点，进一步整合教学团队，在前期精品课程、精品教材等成果资源的基础上，搭建共享的优质教育教学资源网络平台，建成具有示范作用的视频公开课或者资源共享课，同时完善与网络视频公开课相关的各类教学资源建设，包括媒体素材、试题、试卷、案例、资源目录索引等，加强课程与教学资源建设。按照学科分类的不同，计划以公共外语网络资源库建设为第一阶段目标，从而带动整个学院各学科的教学网络资源库建设。

四 结语

大学英语网络化教学适应社会发展对高校外语教学的新要求，为英语教学提供了更为广阔的延伸空间。这种教学模式使英语教学不再拘泥于课堂，实现了教与学的多向互动，创建了开放、自由的英语学习环境。同时开阔了教师的教学思路，丰富了教学资源，拓展了学生的学习途径，激发了学生的学习兴趣，有效地提高学生自主学习能力，从而在整体上提高学生的英语综合运用能力。

互联网英语教学中的教师角色

武田田

一　互联网英语教学及其误用

如今在中国的大学里，微课、慕课和视频公开课已经成为最为热门的词汇。将体现大学教育先进水平的精品课程展现在公开的网络平台上，对于学校和教师而言是激励和鼓舞；对于整个社会而言，则能够推动教育的公平和开放，有助于培养良好的学习氛围。网络平台为教学活动创造出一个汇聚声、光、图、影的五彩斑斓的世界。在这个丰富多彩的学习情境中，学习者不再是被动的信息接受者，而是知识意义的主动建构者。然而，像所有引发热潮的教学改革一样，互联网教学也遭到了很深的误解。对于许多教师而言，使用网络平台的目的就是用网络取代人，将教师解放出来，让学生根据程序自学。有教师指责道：远距离的网络教学阻断了“师生之间表情、动作这些无声的语言沟通”，并使得学生失去了在传统教学环境中“获取来自教师的机智幽默的意外收获的机会”。[①] 这些误解的造成一般有以下一些原因。

第一，某些教师的网络技术基础不够扎实，无法自如地利用视频、软件设备等传达教学理念，因此网络课程制作水平粗糙。

第二，某些教师虽然懂得使用网络设备，但并不十分清楚网络教学的根本意义是什么。

---

① 李丽华、龚红旗：《关于外语教学中多媒体辅助手段与传统教学模式契合的思考》，《河北建筑科技学院学报》（社会科学版）2004 年第 6 期。

第三，最重要也最根本的原因是：很多教师不明白，在这种新型的课堂当中，自己应当扮演怎样的角色、担负何种责任。传统的“传道、授业、解惑”的职责是否应该丢弃？教师的基本功和积累的实践经验还是否重要？如果网络教学重在培养学生的自学能力，教师的辅导是否还能够起作用？……这些都是新的环境下困扰着教师们的问题。

互联网教学顺应了“以学生为中心”的建构主义教学思路，“这里的课堂活动不是传统的、授受主义的、单一的教师讲授，也不是仅仅重视课堂教学、表面活跃的教学活动，而是重视知识技能与个体生命的深度拥抱，是师生在互动中内化技能创生知识的过程。”与此同时，教师的角色也因此“由原来在讲台上传道、授业、解惑的‘演员’和‘圣人’转变为教学活动的导演和学生身边的教练。”这种强调学生自主学习、看重互动讨论的教学模式并不见得适合理论课或概述课，对于语言类课程而言却正能发挥优势。何朝阳等分析了迈阿密大学、中田纳西州立大学等进行网络教学的过程，认为网络教学在学生的学习自主性、团队协作精神、创新精神、课堂氛围以及知识的内化方面均比传统课堂更有优势。[①]胡杰辉等则认为，视频课的多模态刺激优于单纯的课本学习，学生能够自由控制学习时间，互动和讨论提供更多的口语表达机会。[②] 也就是说，在为大学生提供丰富、多元、个性化的英语课程这一方面，网络平台尤为适用。那么，具体来说，在互联网英语教学当中，教师应当扮演何种角色呢？下文将结合实际教学案例进行说明。

二　网络英语教学中教师应当扮演的角色

总的说来，英语教师应当扮演 I、O、G、E 四种角色，即：学习

① 何朝阳等：《美国大学翻转课堂教学模式的启示》，《高等工程教育研究》2014 年第 2 期。

② 胡杰辉等：《基于 MOOC 的大学英语翻转课堂教学模式研究》，《外语电化教学》2014 年第 11 期（160）。

环境的启动者（Initiator）、课件材料的组织者（Organizer）、认知活动的引导者（Guide）以及学习结果的检查者（Examiner）。

（一）学习环境的启动者（Initiator）

互联网教学倡导以学生为中心，课堂教学的意义在于为学生创建有效的学习环境，重点在“学”而不在“教”。开始上课的那一刻起，师生就进入了一个创造性的环境。然而，予以学生主动权并不意味着放任自流，以学为重也并不代表教师毫无责任。教师赋予抽象和概括的课本知识以意义，并引导学生在认知过程中建立富有逻辑的内在骨架。与此同时，教师还担负着培养学生对新知识的兴趣和建立学生对掌握此知识的信心等心理建设的任务。只有在教师这个启动者的帮助下，学生才能够真正建立有机而有效的学习环境，并从中受益。

（二）课件材料的组织者（Organizer）

在网络教学中，如何处理文本、网络视频和教师讲解之间的关系一直是一个令人头疼的问题。在多媒体教学的时代，这就已经成为一个问题了。有研究者就认为，在课堂上使用声、光、电等先进技术手段牺牲了师生之间的交互，失去了传统的“译读讲解法”的长处，即：“教师可以根据学生的实际水平因材施教，并利用教师丰富的阅历和经验对课文进行声情并茂的讲解……可以根据学生的表情和反应随时调整授课方式和增加或删除授课内容，真正做到灵活多样和随机应变。”① 然而，教学活动缺乏师生交互并不是因为使用了技术手段，而是因为没有将文本、视频和教师讲解有机地融合在一起。换句话说，教师没有负责任地承担课件材料的组织者的角色。

在向北京林业大学硕士研究生讲授公共外语课的教材《综合英语》第一单元第二课时，教学设计如下。该课主要介绍美国的福利制度，涉及美国的历史、文化和政治等复杂的背景知识。如何将背景知

① 莫锦国：《关于大学英语多媒体教学模式》，《外语电化教学》2002 年第 10 期。

识融入对课文的理解，再通过理解课文加深对美国福利制度的认识，这是此课教学设计的重点和难点。在上课之前，学生必须通过远程教学做好预习的功课，这就要通过教师提供的文字和视频材料认识福利制度的起源和内涵，并通过阅读了解到课文认为美国福利制度存在着大量的弊端；这种认识在教学活动开始时得到了教师的询问和确认。接下来，教师通过展示幻灯片讲解美国福利制度的形成和概貌。这些怀着先入之见、准备看到批判意见的学生却意外地发现该福利制度拥有很多优点，先前的认识动摇了。

正当学生摇摆不定的时候，教师又播放一段英语新闻视频。之前教师讲解的抽象知识和视频播放的感性材料结合在一起，促使学生逐渐形成自己的看法。这时教师再不失时机地组织一次课堂讨论，并和学生一起辩论这则新闻反映了美国福利制度怎样的利与弊。在互相交流中，学生的看法得到了深化和加强。在课堂讨论结束后，对美国福利制度已有充分认识的学生再次翻开课本，课文的理解已经变得十分顺畅了。至此，学生经历了文本—视频—幻灯片—讲解—视频—讨论—文本的完整过程，教师依旧可以声情并茂地讲解，学生也没有因此缺少交流的机会。这个教学设计证明只要教师能够负责任地将课件材料有机地结合在一起，多媒体教学完全可以达到良好的效果。

（三）认知活动的引导者（Guide）

从以上的分析可以看出，尽管以学生为中心的新型教学方式把学生的自主学习放在了教学的核心位置，但这并不意味着教师的作用被削弱了。事实上，扮演着“引导者”角色的教师自始至终都积极而活跃地参与了课堂教学，在文本和技术支持力所不逮的地方充分发挥了情感和魅力的作用，完善了最终的教学效果。这种情形曾被深有体会的教师和研究者描述为“有情感的教师的作用要比无情感的软件‘活’和‘亲’”。[①] 这里需要指出的是，在以往的教学和研究中，教

① 栾玉芹：《英语教师在现代教育技术应用中的作用》，《中国煤炭经济学院学报》2002 年第 3 期。

师“引导者”的作用往往被狭窄地认为等同“提问者”的作用。这其实是一种颇为僵化的理解。诚然，不断提问在保持学生注意力和兴趣的集中方面确实能够起到一定的作用，也能够在某种程度上起到引导学生朝向预设的课程方向进行思考的效果。然而，对提问的单纯强调所带来负面影响也十分突出：第一，提问所带来的刺激是单一和有限的，缺乏差异感，不能在学生的情感上引起强烈的变化；第二，学生的注意力幅（Attention span）是有限度的，一旦教师连续不断地提问持续了较长的时间，学生就会感到厌倦，甚至产生抵触心理。

要消除这两个负面影响，首先需要打破认为教师的引导仅限于提问这个误区。事实上，教师在引导过程中是一个集多重角色于一体的身份：一位优秀的教师应当同时是一位表演者、一位心理分析医生和一位咨询顾问。而这些角色最终归结到一处，那就是教师的“引导者”的身份。

（四）学习结果的检查者（Examiner）

最后，在教学过程的尾声，教师仍须充当学习结果的检查者的角色。值得注意的是，在传统的教学法中，教师最终检查的是教学的结果，重点往往偏向于检查学生对教师所教内容的掌握程度。而在新型的网络教学环境里，教师最终侧重检查的应当是学生所学的内容。这种重心的转移导致检查方式的转变：教师应首先监督学生进行自查，然后再采取例如测验这一类的传统的考察方式。例如，可以采用以下三种方式来检查学习结果：第一种方式是组织学生以班级为单位进行课堂讨论和活动，开展结合课本内容的小型辩论赛等；第二种方式是安排学生以小组或个人为单位进行演讲、演剧或陈述；第三种方式是传统的测验和考试。前两种方式是教师监督学生自查，后一种方式是以教师为主导的考察。教学实践证明，学生普遍对自我考察的方式更感兴趣，但传统的方式对基础知识的考察更为有效。因此，将学生自查与教师考察相结合的方式可能效果最好。

三 结语

西方先进的教育理念和现代技术的应用给我国教育领域带来的变革是巨大而深远的。对于身处变革之中的教师而言，确定自己在新型教学方式中的定位和责任是首先需要解决的问题。新的教学理念需要吸收，传统的教师角色也不能丢弃。教师的基本功和积累的实践经验依旧十分重要，在现代技术鞭长莫及的教学的感性领域发挥着不可替代的作用。尽管多媒体教学重在培养学生的自学能力，教师依旧是课堂教学的灵魂。所以，教师是学习环境的启动者、课件材料的组织者、认知活动的引导者和学习结果的检查者，更是贴近学生情感、塑造学生品德、引领学生成长的人生导师。

构建移动辅助语言教学的第二课堂

蒋耀熠　李　芝

一　大学英语课程现状

自主交互是指把学习自主权交给学生，在学习过程中主动进行交流互动，而目前高校大学英语课程的设置中，则普遍存在种种弊端阻碍学生的自主交互。第一，由于集体主义文化中的“面子”“谦虚”等因素，在大班授课这个微文化环境下，一名“好学生”最为重要的特征之一是默契配合，而非积极互动。同时，教师在教室中占有绝对主导地位，任何质疑教师的互动，都可能被理解为对师者的不敬。第二，课程内容涵盖范围广、信息量大，课堂难以覆盖。第三，教材内容滞后、无法与日常应用同步，导致学生高分低能。第四，来自不同地域的学生英语水平参差不齐。总而言之，对于学生而言，课堂是以教师为中心、以考试为目的的，他们的任务仅仅是“背诵”，而非“有效积极的自主交互”。

二　移动辅助语言教学（MALL）的优势

教育部于2007年公布的《大学英语课程教学要求》中明确指出，大学英语的教学目标是培养学生的英语综合应用能力①。中华人民共和国工业和信息化部公布数据显示，截至2012年，每一百人拥有手

① 教育部教育司：《大学英语课程教学要求》，清华大学出版社2007年版，第4页。

机数量为82.6部[①]，相对于非传统媒体，大学生更倾向于用手机获取资讯。随着信息技术的快速发展，利用先进的计算机技术、网络技术、多媒体技术，实现校园网络化、资源数字化、管理科学化，已成为高等学校改革的重点。

在此背景下，MALL在英语为外语（English-as-a-foreign-language，以下简称EFL）教学实践中引起了热烈讨论和广泛应用。笔者利用MALL平台，设计了第二课堂教学模式。它是一种超文本化的整体教学，借助于移动通信设备（手机、掌上电脑等），声音、图像、文字、视频得以立体结合，教学形象生动，把教师的教学过程和学生的学习过程融为一体，形成教师、学生、学习资料的新组合，培养教师和学生的良性互动。这种良性互动最终将促进有意义、高质量的语言输出[②③④]。相对于传统教室学习，MALL优势明显。

第一，技术优势提高交互质量。从书本学习到手机学习，技术进一步打破时间、空间和信息量的束缚。除了"便携性"，MALL第二课堂还可以发布最新的EFL资料，为学生呈现了一个较为真实与舒适的语言环境，最大程度地实现"仿真性"。此外，学生可以按照个人习惯和已有知识水平，从大量的信息中选择最适合自己的学习材料和表达方式，最大程度实现学习中的"个性化""本土化"。同时，从心理学角度，这种文本交流还可以给学生足够的时间考虑语言输出，摆脱了教室学习的紧张感，因而使学生能够在英语的学习过程中表达自己的真实感受，并通过语言表达来锻炼并提高自身的口语与思维能力。

---

① 工业和信息化部：《2012年全国电信业统计公报》，2012年，中华人民共和国国务院新闻办公室（http://www.scio.gov.cn/xwfbh/xwbfbh/yg/2/Document/1337889/1337889.htm）。

② Looi, C. K., Wong, L. H., So, H. J, et al., "Anatomy of a mobilized lesson: learning my way", *Computers and Education*, Vol. 53, No. 4, 2009, pp. 1120-1132.

③ Rogers Y, Price S, "The role of mobile devices in facilitating collaborative inquiry in situ", *Research and Practice in Technology Enhanced Learning*, Vol 3, 2008, pp. 209-229.

④ Sharples, M., Arnedillo-Sánchez, I., Milrad, M. and Vavoula, G., "Mobile learning: Small devices, big issues," In: N. Balacheff, S. Ludvigsen, T. de Jong and S. Barners, (Eds.), *Technology-Enhanced Learning*, Springer, New York, 2009, pp. 233-249.

第二，MALL 可以提升学习主动性与积极性。此环境下的学习表现形式多种多样，学生在学习的过程中拥有更多的学习自主权，学生学习的主体性地位得到有效实现。学生为了完成学习任务，制订适合自己的学习计划，他们自我鼓励，获取各种学习所需的资料，在表达想法的同时，也提高语言能力，丰富知识结构；他们不再是被动的接受者，而是知识的积极获取者。

第三，学生的团队合作意识与能力得以提升，实现协作式学习。在 MALL 环境下，团队成员只有在具备了团队合作意识与能力之后，才能够解决学习中存在的问题。学生可以自由结组，以团队的形式开展任务分工和实践，成员之间积极讨论，求同存异。

第四，能够培养学生的文献检索能力与科研探索意识。在 MALL 环境下的第二课堂是一种以讨论为主的教学互动平台，在解决问题的过程中，小组成员之间、教师与学生之间会进行有针对性的分析与讨论，最终形成较为科学的解决方案。同时，学生还会主动探索各种图书馆资源，运用书籍等纸质资源，在搜索信息的同时，也能够有效地利用互联网资源进行资料的搜集与整理，以获得相关资料。在此过程中，学生不仅能够充分感受到求知过程的成就感，同时也提高了文献检索与互联网资源运用的能力。

通过对比可以发现，传统教室学习的种种局限性可以通过 MALL 的这些技术优势弥补，见表 1。然而，中国大学生在 MALL 第二课堂中，自主交互呈现怎样的特点，以及这一技术能带来怎样的突破，值得我们深入探讨。本书研究问题包括：MALL 环境下的任务类型与交互类型的关系、交互中心、交互层次，等等。通过记录分析学生在此空间的交互行为，得出结论和建议，为今后 MALL 项目的规划和设计，提供可靠数据和建议。

表 1　　利用 MALL 弥补传统教室英语教学的弊端

传统教室英语教学	MALL
文化因素	匿名性
信息量大/课时有限	技术优势

续表

传统教室英语教学	MALL
大班授课	个性化
教师为权威	平等性
忽视互动	互动为基础
仿真性低	高度仿真性
紧张感	紧张感消失

三 研究方法

国际上 MALL 研究已有成功先例，具体实施形式多种多样，比如用移动通信设备来扩充词汇①、辅助听力②、视频教学③，或者发布幻灯片进行语法和口语训练④，建立交流群促进互助式学习⑤，等等。

本书研究对象是北京林业大学非英语专业大一本科学生。笔者利用手机交流软件“微信”，建立第二课堂学习群 English On the Move（以下简称 EOM），作为大学英语课程的课外补充。本书收集自 2014 年 3—5 月初共计 9 周数据为研究样本，参与班级为 4 个不同专业教学班，每班人数 27—33 人不等，共 120 人。因此，相应地建立了 4 个 EOM 聊天组，即学习群。教师及全班学生在群里有 3 种交流方式：

① Thornton, P., Houser, C., "Using mobile phones in English education in Japan", *Journal of Computer Assisted Learning*, Vol. 21, No. 3, 2005, pp. 217-228.

② Stockwell, G., "Vocabulary on the move: Investigating an intelligent mobile phone-based vocabulary tutor", *Computer Assisted Language Learning*, Vol. 20, No. 4, 2007, pp. 365-383.

③ Saran, M., Cagiltay, K., Seferoglu, G., "Use of mobile phones in language learning: Developing effective instructional materials", Paper presented at the 5th IEEE International Conference on Wireless, Mobile and Ubiquitous Technologies in Education, Beijing, China, 2008, http: //dx. doi. org/10. 1109/WMUTE. 2008. 49.

④ AnarakIi, F., "A flash-based mobile learning system for English as a second language", *ABAC Journal*, Vol. 28, No. 3, 2008, pp. 25-35.

⑤ Wong, L. H., Chen, W., Jan, M., "How artifacts mediate small-group co-creation activities in a mobile-assisted seamless language learning environment?", *Journal of Computer Assisted Learning*, Vol. 28, No. 5, 2012, pp. 411-424.

①在学习群里互动；②任意成员可以和教师私聊；③还可以互相共享、点评朋友圈里的信息。EOM 作为大学英语课堂外的补充，成员随时与教师和其他学生交流互动。学生可以提问或点评别人的信息，或分享有关 EFL 学习资料。英语教师在 EOM 的职责包括第一时间回复学生提问并与之互动，并且发布 EFL 资料。

为了分析教学效果，笔者采用的数据分为定量数据和定性数据两种。定量数据包括：参与学生数量、学生和教师各自在聊天室发言数量、学生反馈数量、每周信息量、教师和学生在朋友圈各自发帖数量、每条分享信息收到的反馈量，等等。定性数据首先来自 EOM 交流的语篇分析，在此阶段中的每条信息都需记录并进行分析，包括每条信息交流的中心内容和目的。另一部分定性数据来自 107 名学生填写的调查问卷以及对 6 名学生的访谈。

四 研究结果

（一）交互总量

用于分析的 EOM 数据归为两类：①聊天室；②朋友圈教师的发帖所得到的学生反馈。教师每天在 EOM 朋友圈发帖 2~5 条，主题全部跟 EFL 有关。此外，在聊天室笔者还进行不定期发言。

就每周学生交互总量而言，学生发言、反馈的数量平均每周 383 条。第 1 周学生发言、反馈数量为 757 条，远远超出平均值。开始的积极性可以视为对这一新兴学习方式的短暂好奇，而这种新鲜感很快消失；第 3 周的数量即降至 392 条，见图 1。

聊天室的师生交流共计 651 条，其中 126 条来自教师，425 条是学生的发言。教师的主动发言围绕课堂内容进行，主要涉及课内内容补充、作业、测试、授课时间调整，等等。尽管这部分数量不大，但教师的发言都收到学生积极踊跃地回应。朋友圈里，教师在 9 周内共发帖 181 条，收到反馈信息 2973 条，除 18 条发帖没有收到反馈之

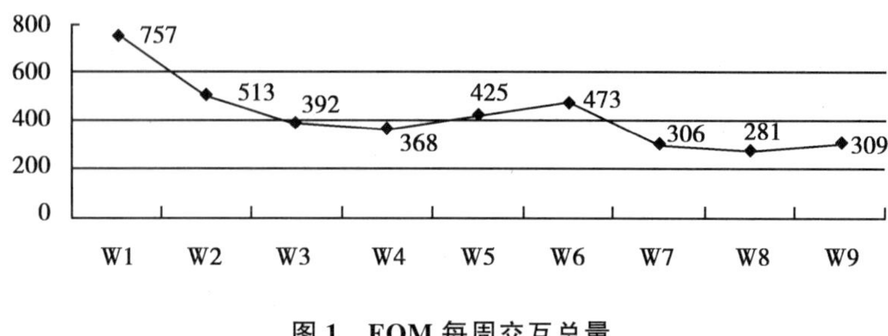

图1 EOM每周交互总量

说明：W1代表第1周，W2代表第2周，依此类推；纵轴数值代表学生反馈数量。

外，其余都收到反馈，最多高达76条，见图2。

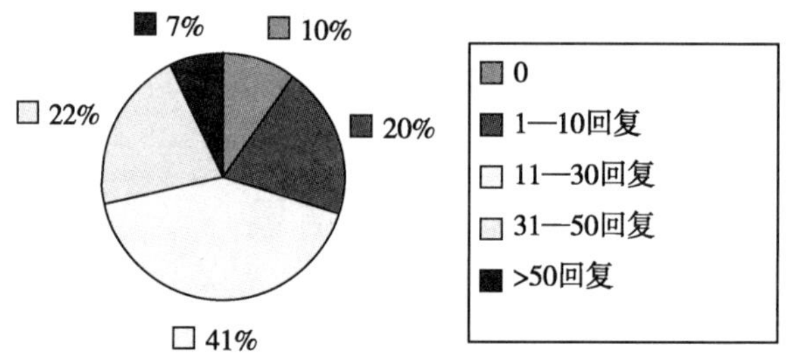

图2 收到不同回复数量的发帖量

（二）MALL的交流中心与交流层次

在MALL的交流中心，EOM数据被分为2类：①EFL发言；②社交发言。在朋友圈共计2973条反馈中，2729条来自学生；其中655条以文本为主，这也是笔者接下来分析的重点数据来源。朋友圈的655条中有339条有关EFL学习，其余316条归为社交发言。在EOM聊天室里，特别是在由学生发起的私聊中，EFL发言占比较大：425条学生发言中，287条有关EFL。这就是说，51.7%的朋友圈交互和67.5%的聊天室交互是围绕EFL主题展开的。值得一提的是，在计算机网络环境下的语言学习，社交语言的占比会随着时间推移而降低；而在移动辅助语言学习的过程中，社交语言始终占有较高比例。

在MALL的交流层次中，学生与教师之间的交流显示了多层次的特点，除了个别题目没有回应，大部分共享贴反映了学生协作、互动，以学生为中心的学习过程。在 4 个聊天室中，120 名学生中有 81 名主动参与讨论，29 名学生发起和英语教师私聊，交流英语学习方面的困惑和想法。学生反映，这样的交流不仅使师生关系更加融洽，而且教师可以针对个人存在的问题逐一回答。

（三）MALL 的交流特点

通过分析，EOM 第二课堂的交互也呈现以下交流特点。

1. 教师评论。朋友圈的反馈，可以简单地“点赞”，也可附加文字评论。有教师文字评论的发帖得到回复平均为 27 条，而没有评论直接转发的帖子得到的平均回复数量为 11 条。

2. 学生在此空间的交流呈现出一定规律。首先，大部分交流发生在下午或者晚 9 点之后。其次，在对个人 EFL 学习方面的问题进行交流时，学生倾向同教师“私聊”；而针对共性的话题，比如课内相关的问题，学生更喜欢在班级聊天室进行交流。

3. 输入类型。在 101 份有效问卷中，最受学生欢迎的 EFL 资料的前 5 种类型是：西方文化（63/101）、趣味学习（60/101）、旅行（56/101）、经典文学欣赏（50/101）、英语口语（49/101）。选择“语法”和“课内相关的内容”人数最少，分别为 15 人和 14 人；而在与 EOM 实际反馈数量对比后，笔者发现两者反差明显。9 周内，朋友圈中收到评价数量最高的前 5 类分别是：课内相关信息、趣味学习、英语口语、时事、英语发音，平均评价数量为 33、32、31、28、26 条；词汇和语法贴最少，分别为 5 条和 4 条，见图 3 和图 4。

4. 时间/流量成本。作为新型输入的视频贴并没有如笔者预期那样受到学生欢迎，每条发帖只有平均 7 条反馈意见。在访谈中，学生就这一现象给出 2 方面解释：视频占用较大网络流量；视频耗时相对较长。因此，有些发帖内容多、阅读耗时长（比如，50 分钟的传记视频，100 个同类词汇，20 种表示“抱歉”的说法，等等），收到的反馈量相对较少。快节奏的生活让学生对于 MALL 的期待，由传统教

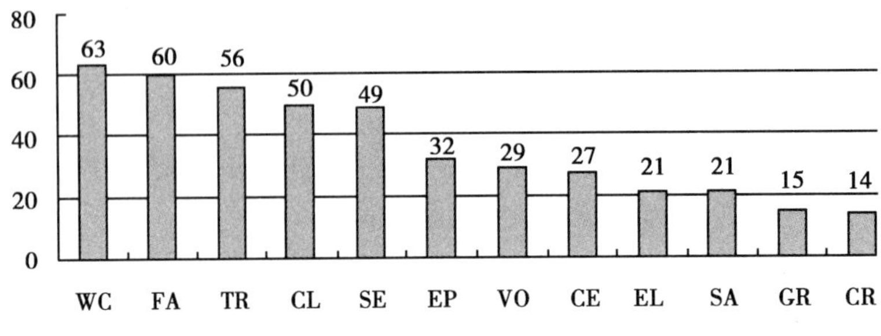

图 3　问卷中学生对不同类型输入的评选结果

说明：纵轴数值代表学生勾选的数量。WC＝西方文化；FA＝趣味活动（游戏、笑话等）；TR＝旅行；CL＝经典文学；SE＝英语口语；EP＝英语发音；VO＝词汇；CE＝时事；EL＝英语听力；SA＝留学；GR＝英语语法；CR＝课内相关信息。

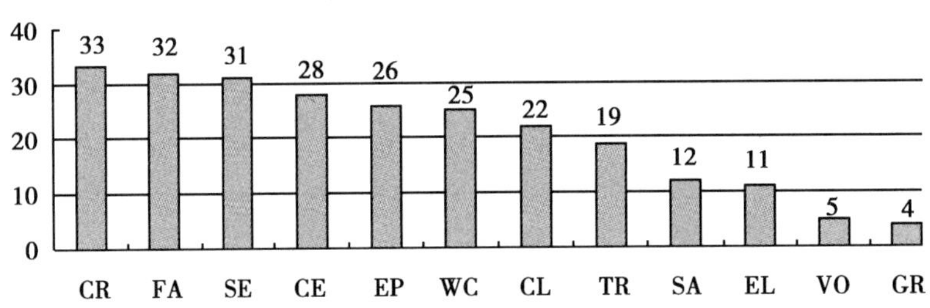

图 4　朋友圈里不同类型输入收到的平均回复量

说明：具体说明同图 3。

学里的“细致深入”转为现代通信设备带来的省时精练。

5. 课程相关性。与课程内容和考试相关的发帖吸引了大量学生的反馈意见。有趣的是，在问卷调查中学生对此类信息期待值极低。在传统意识中，学生把这类信息跟“枯燥”等同，因此毫无兴趣。但在实际学习中，考试成绩关乎学生的科目评价甚至日后发展，他们自然加以重视。

6. 时效性。类似的反差也存在于“时事类”发帖中。问卷调查中该类排名第 8 位，但在实际交流中排名第 4 位。比如视频通常不受欢迎，但当一架中国飞机发生空难，大量乘客失踪的消息公开后，一条讲述飞机空难幸存者的视频，却收到了 46 条反馈，远远高于视频类平均 7 条反馈的数量。

7. 输出机会。在某些活动中，学生按要求把 EFL 任务成果分享到 EOM 学习群中（与国际友人拍的照片、上传的英语歌演唱和英文短剧视频等），这样的发帖收到平均 53 条的反馈，远远高于平均 16 条的数量。尽管这其中包括很多社交语言，但此类活动仍极大地刺激了学生的学习动力。尤其对英语水平相对低的学生而言，EOM 提供了他们在课堂上难以实现的展示机会，增强了学习信心。

五 建议

EOM 第二课堂收到了良好的效果，它显示学生对于不同学习资料的反馈意见和偏好，也为今后 MALL 项目的设计提供建议。

（一）实用性

中国大学生重视英语学习的实用性。他们在传统的教室学习中接触的仿真性高的语料输入有限，因此希望通过 MALL 近距离接触目标语言及文化。在 MALL 项目设计中，实用性、仿真性高的资料应重点输入，比如，口语、发音、文化、旅行，等等。此外，就课堂教学而言，与授课和考试相关的内容也会受到广泛关注。

（二）趣味性

“生动有趣”也是一个成功的 MALL 项目的特征之一。手机交流与现实生活高度同步，教育学者需要考虑如何充分利用多种媒体工具使学习充满乐趣，吸引学生并激发主观学习的能动性。在 EFL 领域里，诸如英文歌曲和电影、欧美名人趣事、西方美食、跨文化交流等轻松时尚类内容，都会引起学生的共鸣。

（三）社交动力

围绕手机展开的一切交流都无法与之“社交”的本质分离。一个系统科学设计的 MALL 项目应该利用其社交动力来促进学习者之间的自主交互和协作学习。尤为重要的是，学生应该有机会与教师进行单独交流，目的是满足学生在学习中的不同需要，为其长远发展提供金玉良言。

（四）实践机会

在 EOM 中，学生 EFL 任务展示贴收到大量反馈。这表明，在语言学习过程中，教育者除了需关注输入，更需重视输出的机会。学生在实践 EFL 知识的同时，更增强了学习信心，而且通过网络社交进行的 EFL 实践也更易于激发学生的学习兴趣。

（五）内容精练

时间是 MALL 活动成败的关键。MALL 环境下的学习往往是利用闲散时间进行的，这要求 MALL 学习中的材料输入务必做到中心明确、内容简洁。此外，调查问卷显示，每天的发帖量不要太大，尽量优中选精。同时，简单地转发、拷贝 EFL 资料吸引力不大，教师应该提供额外的精准点评，节省学生选择资料的时间。

（六）教师指导

在 MALL 环境下，教师的角色由传统的“知识权威”转换成知识的分享者和学习的好帮手，因此知识丰富、互动积极的教师是一个出色的 MALL 项目必备的构件。为更好地实现这点，应该开展教师协作、校际间合作，以便集结更多的人力资源和知识资源。

（七）软件设计

以 EOM“微信”学习群为例，如果某一 EFL 学习贴被其他发帖覆盖刷新，那么学生看到的机会便会大大降低。一个专门设计的手机 EFL 学习软件就可以解决这个问题，因此，未来的 MALL 项目不仅需要语言教育者的努力，还需要专业技术人员的技术支持，这样才能最大程度地发挥其优势。

总之，在 MALL 环境下构建的第二课堂中，大部分学生表现积极，跟传统教室里的沉默寡言相比，MALL 摆脱了传统的“面子”“谦虚”等文化因素，学生自主交互活跃，与授课教师交流数量大幅度地增加，对大学英语课程起到了积极有效的辅助补充的作用。教师的权威地位得以弱化，师生关系平等融洽，交流层次也得到了优化。由于信息量大、交流途径多样，不同学生可以找到适合自己的学习资料，按照自己的学习节奏，与教师和同学进行个性化的交流。另外，MALL 环境下的学习任务仿真性强，每位学生都得到实践和展示的机会，英语学习变得生动有趣。当然，虽然手机辅助语言教学优势明显，但它并非是减轻教育者负担的捷径，一个出色的 MALL 项目需要语言教育学者和专业技术人员更深入的合作与思考。在借鉴国际成功案例之外，中国的大学英语教育者必须结合目标学习者的特点和本校课程设置特点，最大程度地发挥 MALL 的优势，让更多学生受益。

下篇　多元化教学评价模式构建

形成性评估在中国大学英语写作教学中的应用研究*

曹荣平

一　引言

在中国英语写作教学中，形成性评估（Formative assessment）的运用与研究尚处于初始探索阶段，国内相关文献甚少。因为与传统英语写作课堂的成品教学法（the product approach）成龙配套的评价体系是终结性的（summative）。成品教学法的不足虽“已暴露出来”，但在我国“仍很流行”①。近年来引入的过程教学法（the process approach）的研究和实践已见一些成果②③④。虽然对过程教学法的必要性的讨论大都要从批评成品教学法对写作的终结性评估的不科学（表现在信度和效度上的不足和对课堂教学过程形成的不良反蚀作用）来谈起，国内过程教学法的实践却没有尝试改变传统的评价体系⑤，而

* 本文源自作者清华大学硕士学位论文，部分相关内容发表于 2004 年 9 月第 25 卷第 5 期《外语教学》杂志，题目是“形成性评估在中国大学非英语专业英语写作教学中的运用”。感谢导师张文霞教授和周燕教授的悉心指导。

① 吴锦、张在新：《英语写作教学新探——论写作前阶段的可行性》，《外语教学与研究》2000 年第 3 期。

② 吴锦、张在新：《英语写作教学新探——论写作前阶段的可行性》，《外语教学与研究》2000 年第 3 期。

③ 张在新：《英语写作基础——写作过程法教程》，中国人民大学出版社 1997 年版。

④ 张文霞、杨志强：《新英语教程-写作实践》，清华大学出版社 2001 年版。

⑤ 吴锦、张在新：《英语写作教学新探——论写作前阶段的可行性》，《外语教学与研究》2000 年第 3 期。

只是就一个写作任务在写作过程的某个阶段（比如写作前阶段）的实施作了独立于课程和写作全过程之外的试验（在试验前说明“试验结果与平时表现和考试无关”）。

素质教育的要求越来越对传统的评价、测试体系提出挑战和质疑。因为评价与测试在质和量两方面都对学习有影响①。传统的终结性评价难以对课堂教学过程形成良性刺激，在信度和效度上也存在不足。形成性评估概念的引入将给教学和评估的有机结合提供一种机遇，也给过程教学法在中国英语写作教学中的实施予以支持和保障。

本书尝试性引入形成性评估的概念，在一个 177 人的非英语专业英语写作大班课（大学公共选修课）上运用这一评价方法，以学生成长记录档案袋为工具，将评价过程渗透教学各环节，进行反思式教学。

二 形成性评估概念及其理论依据

根据 2001 年国家教育部新制定的《英语课程标准》（全日制义务教育，普通高级中学版），形成性评估是“对学生日常学习过程中的表现、所取得的成绩以及所反映出的情感、态度、策略等方面的发展”（实验稿：P37）做出的评价②，是基于对学生学习（写作）全过程的持续观察、记录、反思而做出的发展性评价。其目的是“激励学生学习，帮助学生有效调控自己的学习过程，使学生获得成就感，增强自信心，培养合作精神”。形成性评价使学生“从被动接受评价转变成为评价的主体和积极参与者”。

英国中等教育委员会（SEC）在 1980 年起采用“基于学校日常教学的评估”（school-based assessment）手段，认为这种手段可以测

① Kohonen, V., Authentic assessment in affective foreign language education, in J. Arnold (Ed.). *Affect in Language Learning*, Cambridge: CUP, 1999.

② 中华人民共和国教育部：《英语课程标准》（全日制义务教育，普通高级中学版）（实验稿），北京师范大学出版社 2001 年版。

量出“某些不能轻易或充分地从（终结性）试卷所获得的学生的学业成绩[①]”。

Long[②] 据评估的不同侧重点、时间、目的和理论动机，将其分为四类：终结性（Summative）评估、成品（Product）评估、形成性（Formative）评估以及过程（Process）评估。（见表 1）：

表 1　　评估类型的比较（依据 LONG 1984：417）

	终结性评估	成品评估	形成性评估	过程评估
侧重点（focus）	测量学生成绩、投入收效等	测量学生成绩	检查师/生对改革的态度	收集课堂数据
时间	在教学项目完成后进行	在项目完成后进行	在项目开发、实施过程中评估其优劣势	对成型项目实施评价
目的	总结项目结果以决定是否继续	总结项目结果	将评估信息用来调节项目的实施	用于解释成品评估的结果
理论动机	教学法（classical）	教学法（通常为 classical）	教学法（naturalistic）	教学/心理语言学（naturalistic）

传统的终结性评估方法用于决定一个项目是否“成功”（无论“成功”如何定义），但不能评价为什么或怎样成功的，也不能指示下一步应做什么。而形成性评估通常是项目评价者用来成功实施该项目的手段[③]。

本书中的形成性评估概念在侧重点和目的上与 Long[④] 在上表中的表述相比，又有所扩展。因为 Long 文中评估不是教学手段，只是教学检测手段。Long 文也没有描述评估的实施主体。评估的目的只限于项目的实施，而忽略了对学习者能力的培养所应贡献的一份责任。而

① Secondary Examinations Council, *Course Work Assessment in GCSE*, Working Paper 2, London: SEC., 1985.

② Long, M. H., Process and product in ESL program evaluation, *TESOL Quarterly* 18/3, 409-425, 1984.

③ Finch, A. E. *A Formative Evaluation of a Task-based EFL Programme for Korean University Students*. Manchester University, U. K. 2000.

④ Long, M. H., Process and product in ESL program evaluation, *TESOL Quarterly* 18/3, 409-425, 1984.

“由谁来评估”的问题则体现了自主治学的人文思想和合作学习的社会建构主义思想的理论动机。

本书的形成性评估概念既是评估手段，又是反思性教学手段。因为这是一个新事物，对学生写作学习的评估能力的培养还是教学内容的一部分。评估由师生共同参与。学生评估包括两个方面：自评（Self-assessment）和他评（Peer-assessment）。

人文主义思想的元勋 Carl Rogers[1] 有这样一段论述：

The only man who is educated is the man who has learned how to adapt and change; the man who has realized that no knowledge is secure; that only the process of seeking knowledge gives a basis for security.

也就是说教育的目的是使学习者学会如何学习，把握追求知识的过程。

Holec[2] 对学习者的自主学习（自己对学习负责）的能力概括为：1. 为学习制订计划；2. 把握学习过程；3. 对学习能做出评价。唯有如此才既能以自信的态度理解学习的目的、内容和过程，又能很好的开发元认知能力。

学生自评和他评实际上就是对自己和学友学习过程的反思、总结。在他评过程中除了对照参比作用，还形成了合作学习的能力。

Vygotsky[3] 著名的“最近发展区域”（the zone of proximal development）概念指出，学习者当前自己能应付的学习任务有一个范围，“最近发展区域”就是指刚好超出这个范围的知识或技巧层面到下一个发展层面之间的区域。学习者同一个比自己稍强的人（长辈或学友）一起学习是促使进入下个层面的最佳途径。

---

① Rogers, C. R., *Freedom to Learn*, Columbus, OH: Charles E. Merrill Publishing Company, 1969.

② Holec, H., *Autonomy and Foreign Language Learning*, Oxford: Pergamon, 1981.

③ Vygotsky, L. S., *Mind in Society: The Development of Higher Psychological Processes*, Cambridge, M. A.: Harvard University Press, 1935/1978.

有研究表明[1]，即使是与不一定比自己强的学友一起学习，合作学习也有互相促进的效果。

Feuerstein[2]等提出的“动态评估”（Dynamic assessment）的概念认为传统的测试不能有效地评估儿童的潜能。学习的互动本质应该延伸到评估过程。评估过程不应由一个人（比如老师）对另一个人（如学生）的单向实施过程，而应是双方都参与的双向互动过程。评价者和被评价者的对话可以帮助评价者了解被评一方的现状，从而共同对随后的学习提出改进的可能。这样评估和学习相互交融，而不是分割开来的两个过程。

Kohonen[3]将评估系统的发展视为教学范式转变的一部分。传统教学模式将教学过程看作知识的传输（Transmission），评估是对成品（Product）的终结性评价；而现代教育理论正在向以学习者为中心的经验型（Experiential）教学转变，教学以知识的转化（Transformation）为目标，在于将新知识与学习者已有的个人知识构件和认识（Constructs and Meanings）整合，还在于提升学习者的整体个人素质（Personal growth），所以评估是对教学过程（Process）的反思式（Reflective）评价，是学习过程的不可分割的组成部分。

三　英语写作教学研究的理论基础

英语写作教学一向被认为是中国外语教学的“瓶颈”[4][5][6]。写作

① Mattos, A. M., A Vygostkian approach to evaluation in foreign language learning contexts, *ELT Journal* 54/4, 335-345. 2000.

② Feuerstein, R., Y. Rand & M. Hoffman, *The Dynamic Assessment of Retarded Performers*, Glenview, Illinois: Scott Foresman, 1979.

③ Kohonen, V., Authentic assessment in affective foreign language education, in J. Arnold (Ed.). *Affect in Language Learning*, Cambridge: CUP, 1999.

④ 吴锦、张在新：《英语写作教学新探——论写作前阶段的可行性》，《外语教学与研究》2000年第3期。

⑤ 蒋家平：《努力提高学生的英语写作能力》，《外语界》1995年第4期。

⑥ 张在新等：《我国英语写作教学中的主要问题》，《外语教学与研究》1995年第4期。

教学中，人们关注较多的是写作学习者能否写出成功的作品[①②③]。因此，人们往往从分析范文以及各个题材的特点、要求着手，所采用的方法多为成品法（product approach）或题材法（genre approach）。

而英语作为母语的写作教学已经历了成品教学法、范文教学法、题材教学法、过程教学法的阶段。呼应语言教学的整体发展，人文思想和认知心理学的影响在写作教学中已初露端倪。自 Janet Emig[④] 在写作研究领域开过程写作先河，写作教学研究历经形式主义（Formalism）、表达主义（Expressivism）、认知主义（Cognitivism）、过程法（Process）、协作学习（Collaborative learning）、社会建构（Social construction）等理论的洗礼——或许接下来我们会看到后现代主义对写作的贡献了[⑤]。

把写作看成一种思维形式（a form of thinking），或一种解决问题的行动（an act of problem solving）[⑥]，是认知心理学在写作教学中的新亮点；情景学习与写作（Situated learning and Writing）[⑦] 则反映出社会建构主义与人文思想在写作教学中的新结合点。总结 20 世纪七八十年代以来的写作理论，虽各有不同的理论背景，但都是过程写作法的不同版本。

一语写作研究及其实践已使得学生可以直接介入自己的学习过程，课程的设计充分考虑学生对可输入信息的能动选择（如开放式课

---

① 李新：《大学生英语写作能力提高障碍简析》，《国际关系学院学报》1998 年第 1 期。

② 马广惠、文秋芳：《大学生英语写作能力的影响因素研究》，《外语教学与研究》1999 年第 4 期。

③ 吴丁娥：《中国学生英语写作中的母语负迁移及对策》，《外语教学与研究》2001 年第 1 期。

④ Emig，J.，*The Composing Process of Twelfth Graders*（Research Rep. No. 13），Urbana-Champaign，IL：NCTE，1971.

⑤ Hamp-Lyons，L. & W. Condon，*Assessing the Portfolio：Principles for Practice，Theory，and Research*，NJ：Hampton Press，Inc.，2000.

⑥ Bereiter，C. and M. Scardamalia，*The Psychology of Written Composition*，Hillsdale，NJ：Erlbaum，1987.

⑦ Parks，S. & M. H. Maguire，Coping with on-the-job writing in ESL：A constructivist-semiotic perspective. *Language Learning* 49/1，143-175，1999.

程设计)；学生以协作的方式参与课程学习和作业设计。对写作学习过程的认识使得学生和老师都有机会在课程设计和改革上做出贡献。过去自上而下的写作教学管理模式正让位于这样一种形式：课程的设计、实施和评估由师生共同完成，而不是传统写作教学中学生被动地完成一幅幅作品。一语（英语）写作研究对英语作为第二语言或外语（ESL/EFL）的写作研究也已见影响。我们在 Hamp-Lyons① 对 ESL 写作评估的研究中可见一斑。

对写作过程的强调势必呼唤一种能与之相匹配的检测手段。千变万化的写作过程和学生表现，如果还以终结性评价工具对最后一两篇作品来进行测量，就只有完全放弃效度和信度，对教学的反蚀作用可想而知。所以能体现学生学习过程的形成性、发展性评价才可以对过程教学法形成支持。

在中国（英语）传统写作课堂，成品教学法与写作测试的终结性评估导向不无关系。传统教育评价体系造成的在学生心中对高分的追求已成为不争的事实。杨晋毅②分析中国工科院校中文写作现状时提到，中文写作教学领域也曾试图采用过程教学法，却未能贯彻到底；还有近年来崭露头角的 EFL 过程法教学，难以全面展示其在一语教学环境中的功效，究其根源，评估体系的发展滞后，不能不说是影响教学的重要负面因素。

四 教学实践与研究

（一）课程背景介绍

本课程《大学英语写作》为北京某高校首次为全校各非英语专业

① Hamp-Lyons, L. (Ed.), *Assessing Second Language Writing in Academic Contexts*, Norwood, NJ: Ablex, 1991.

② 杨晋毅：《发展·困惑·思索——工科院校写作课现状分析》，《写作》1998 年第 2 期。

本科生开设的公共选修课，总课时为 30 学时，安排十周上完。选修这门课的学生人数为 177 人，来自 18 个不同的专业，其中 20 名学生为 99 级（三年级第一学期），其余均为“00”级（二年级）的学生。大学英语写作在此之前在该校没有作为一门课程来进行教学，而是附带在大学英语阅读课里，由教师根据所采用的阅读教材里的写作训练材料来安排写作教学，或者在 CET 4/6 模拟套题里选题，讲解应试作文，所以传统写作教学过程一般也就是（括号表示可选内容、步骤）：（教师）出题——→（出示范文）——→学生写作文（计时）——→教师批改（抽样）——→学生范文评讲。

（二）教材

本课程由主讲教师（本书作者）在参考大量国内外写作教材的基础上，以过程教学法为理论指导，结合大学英语教学的实际情况，自编写作教材。教材设计并运用了形成性评估手段，体现反思式教学思想。

（三）课程设计

课程以教材为蓝本组织教学。在第一周开始安排前试和学生信息调查，在第五周和第十周后分别安排中期反思调查和期中写作测试，期末反思调查和期末测试。

形成性评估在课程中的运用 课程一开始，教师向学生讲明，本课程对学生的考察采取形成性评估方法（见图 1）。主要依据是：1. 学生写作课程学习记录袋①；2. 前期、中期以及期末调查、反思；3. 测试。

用于形成性评估的成长记录袋早为艺术家、建筑师、时装设计师

① 以学习纪录袋为依据的形成性评估一直有项目权重与评估效度的关系问题。本书限于篇幅，不能深入讨论。本课程的评估项目有六个。1. 写作进步程度（30%）。计算方法为：期中测试作文与前测作文比较，期末与期中比较，在内容（idea），结构（organization），和语言（language）三项都能显示进步的为该项满分。2. 自评、他评综合成绩（20%）。3. 作文修改综合成绩（20%）。4. 课堂作业、笔记（10%）。5. 课外周记（10%）。6. 目标设定和课程学习反思（10%）。

和作家等用来提供其作品的样本，以展示其技艺与成就。中国人事档案制度其实也是人员评估的重要部分。写作成长纪录袋所不同的是内容、读者和功能。

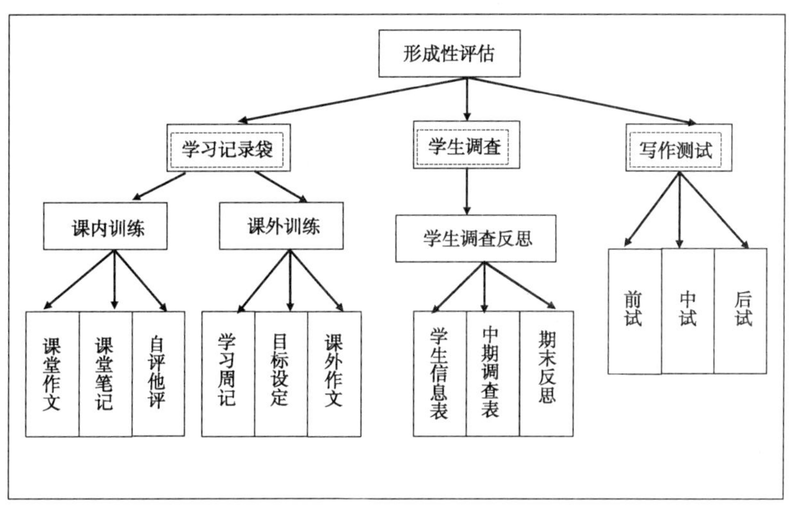

图 1　形成性评估结构

在本书中写作成长记录袋不仅要包括学生的写作过程（写作前、中、后的作品原稿、修改稿，以及自评、他评），还包括写作反思、目标的设定。学生在教师指导下编目“写作课程学习记录袋”。读者首先是学生自己，其次是学友，再次是老师，甚至可以在网上公开，博采众议，也为协作学习。学生参与课程的评估。前期、中期、后期课程调查与反思以及写作测试，均作为评判学生课程总分的依据。记录袋由学生保存。教师随时可查看，学生也可随时请求教师查看，要求给予指导。期末教师将所有记录袋收来，以此作为学生课程学习总评的依据。成长纪录袋的功能是鼓励、督学和评估——在这个阶段被称为延迟的评估（Delayed evaluation）①②。

① Finch，A. E. 2000. *A Formative Evaluation of a Task-based EFL Programme for Korean University Students*［D］. Manchester University，U. K.

② Emig，J.，*The Composing Process of Twelfth Graders*（Research Rep. No. 13），Urbana-Champaign，IL：NCTE，1971.

评估的考察指标包括：1. 学生对课程内容，即写作过程的了解和思考，体现在课堂练习、笔记和课外练习、反思周记里；2. 前期、中期以及期末调查、反思和测试中体现的对概念的理解的加深，对过程写作的理解的加深，以及同一学生不同时期三次限时作文中体现的进步；3. 自评总分，考察是否有充分的反思能力，是否能制定有效的阶段目标；4. 他评总分，考察是否有客观评判学友作品的能力，是否对学友写作有建设性的意见；5. 作文修改师评分，考查学生多稿作文的发展情况。

学习总评考察的是学生是否成功地参加了该课程的教学过程，是否培养了写作学习的自主能力，前试与后试中显示出的写作能力（成品写作）的差异，而不是最终成品写作能力在学生之间的横向比较。各期写作测试虽为限时命题作文，但不以学生之间的作品成绩优劣为学生课程成绩评分等级标准。总评过程吸纳五名学生自愿参加。根据记录袋反映的学习过程，问题学生将有机会与教师和优秀学生探讨如何解决问题。

本书不仅将形成性评估用于检测、反思、调整各教学环节的实施，更将其用于培养学生反思学习，自主学习的能力，使评价过程成为教学过程的有机组成部分。

课堂管理教师讲座，分组讨论和随堂写作训练在时间上的分配比例大体上保持各占 1/3。多媒体教学使得大量的信息可以在有限的时间内得以展示。学生也可以用多媒体展现自己的写作过程，供全班做个案研究。学生自愿组合（5—8 人/组），教师一般准备 3 个到 8 个话题或任务供学生挑选，组内讨论，笔记存入记录袋。因为本科程主张自主学习，重在培养学生能力，所以要求学生课外查找文献，组织课堂小组讨论，在组内做学习反思交流报告。因为课内时间有限，学生人数众多，教师鼓励学生用 email 和老师交流。

学生和教师的角色和任务教师从传统写作课堂的知识传授者和裁判员的角色，转换为思想的启发者，教材的设计者，有心的观察者，课堂活动的催化剂，信息咨询员，甚至是学友。学生则从被动的听众和被考转换为课堂活动的组织者，表演者，记录员，评判员，甚至讲解员。学生的任务是使自己成为学习的主人。写作要成为主动的学习、表达过程。教师的任务是使学生的主动写作习得过程成为可能。

（四）课程评价及其实施过程中教学研究数据的收集

学生课程成绩的考察往往根据学生对老师的课堂输入的掌握程度（记忆和理解）来衡量，所以课程终结时的测试就成为常用的评估手段。写作课更简化到写一篇作文来定成绩。有关课程评价的研究①认为学生并非是老师教什么就学什么。也就是说对课程和学生的评估不能取决予老师教了什么，而要看学生收获了什么。教学内容和手段都会对学生的学习产生作用。据此，本书设计了以学习者为中心的、形成性的评价工具，在课程进行过程中收集质性和量性数据。来源共分为四类：1. 学生问卷加后续抽样访谈；2. 学生学习记录档案袋；3. 学生自评调查；4. 前侧和后测。笔者安排了两名与本研究无关的大学英语四、六级优秀阅卷员对测试结果进行了单项分析式（Analytical）和综合印象式（Global）评分。在确认了阅卷员的信度后，取其中一名的结果为本相研究的数据来源。

笔者研究了全班177个同学学习记录。形成性评估在课程中的运用，使得本次课程在实施过程中积累了大量有用的、可重复获取的、可靠的学生写作发展信息。其中反映出的学生丰富的创造力，反思能力和可开发的学习潜力，出乎设计者的想象。限于篇幅，本书不打算在细节上对大样本展开全面讨论，而是根据课程开始的学生信息调查和前试中反映的情况，按写作能力综合成绩②，以上、中、下各占1/3的比例，随机从大样本中抽取32名学生样本进行了项目分析（见附1，附2），并对其中6名学生作了访谈。

---

① Finch, A. E. *A Formative Evaluation of a Task-based EFL Programme for Korean University Students*. Manchester University, U. K. 2000.

② 综合成绩要素为：1. 前试英语作文分数（整体评分法）（50%）；2. 前试中文作文分数（整体评分法）（20%）；3. 对写作的认识和态度（30%）。

（五）讨论

通过对全班177位同学学习记录的初步研究，和对32名同学的资料所做的分析，本课程在以下几个方面显示形成性评估的运用对教学起着较为积极的作用。

1. 期末调查的大样本显示，以形成性评估的方法给学生的课程学习评分，虽然有19位（10.7%）同学认为他们的总评成绩可能会低于期末作文测试成绩（在期末作文题正好符合他们的胃口的情况下），100%的学生都认为形成性评估方法比依照一两次作文考试给学生打分要科学，更令人信服，所以没有人反对采取这种评价方式。“这样就不会出现只有第一次和最后一次来听课的学生仍然得85分的情况了。”“课程总分应该反映课程学习的成绩。而一两篇作文成绩很难说明问题。有可能某学生正好熟悉这类题材而且背诵过范文；也可能他写作水平本来就高，但根本就没来上几次课，不能说明他从这门课中有收获。”

实际情况也的确说明形成性评估方法解决了大班教学课堂管理的一大难题：学生有的缺勤，有的出工不出力，但最终考评确难以奖勤罚懒。学习记录袋不可能抄袭，因为不可能有完全相同或相似的学习过程。本次课程177位学生，有12人得了满分（100分）；90分以上（含90）的学生占总数的30.5%；70分以下（含70）的有28人（占15.8%）。平均分为83.7%，区分度为0.252。这次课的选修名单中有14位学生（不计在177人内）因为没有学习记录，因而没有课程成绩。这样的评估，无疑对今后的课程建设创造了良好的基础。

2. 形成性评估在课程中的运用，使学生获得了更多写作和评改的机会（自评、他评、师评）。而且，“延迟的评估”给教师更宽的期限来评价学生，在一定程度上减轻了教师的评改作文的压力。没有了在课程中间批改大量作文的压力，可以有更多的时间用来提高教学质量。事实上，写作课之所以迟迟难开，原因之一也在于传统的成品教学法根本无法及时完成大班教学的作文批改任务。

3. 评估过程使得学生不仅认识到写作过程对于学习比最终成品更重要，还使学生有机会参与课程建设。几乎所有的学生在此课程以前都未接受过过程写作的训练，最多只会给自己的文章修改几处拼写或语法错误。通过反思式多搞写作训练，学生在短时间内体会到自己的进步，对某些写作话题，有学生五易其稿。这给以后的教学提供了宝贵的范例。还有学生认为学生课程学习记录袋应该推广到必修课课程中，作为课程评估的依据，可以使评估更客观，还可以有效地督促学生参与课程学习和建设。许多学生提出要把在这门课中学到的反思式学习方法继续运用到今后的各科学习中去。更有学生对学友评估提出建设性的意见，认为应该充分考虑中国学生的个性和人际交往的习惯性差异，对如何促成合理结对，制定评价框架和监督评价效果进行研究，加以改进。

4. 根据 Holec① 对自主能力的定义，本课程的形成性评估对学生学习（写作）计划、学习过程和评估三方面的自主能力都得到了锻炼②。访谈结果与学习记录袋显示的信息相符，但在肯定大局的前提下，在细节上有两位同学分别对自评、他评提出了自己的不同的见解。一位同学认为自评不是很有效，因为自己毕竟是学生，学习成绩不好，没有达到评改作文的水平，但他认为学友的评价还是使他有所收获。档案资料显示该同学自评数量和质量的确偏低，他给别人的评改也与自评能力相似。另一位同学认为自评给了她很好的反思学习机会，她要坚持这一学习策略，但她对学友评价持怀疑态度，因为她认为同学为了面子，不愿指出她的不足之处，都是表扬，不能像老师评改那样使自己有所提高。但是，她体谅大班人数太多，老师评改不可能太多、太细，所以她提议老师对他评中的批评性评价条款要加大权重。这两位同学的问题反映了合作学习中一些难题，有待解决。

5. 用单项分析法得出的前侧和后测的结果（附 1，附 2）表明，

---

① Holec, H., *Autonomy and Foreign Language Learning*, Oxford: Pergamon, 1981.

② Kohonen, V., Authentic assessment in affective foreign language education, in J. Arnold (Ed.). *Affect in Language Learning*, Cambridge: CUP, 1999.

在作文的思想内容、词汇的运用以及语言的流畅性等方面有明显的提高，在整体上学生的总分也有显著提高。但是，用综合印象法评出的结果却没有显示后测明显的改进（附 3）。笔者认为综合印象法使得阅卷员潜意识里对不同批次，不同题目的作文样本有相似的预设平均分，也只有如此，大规模测试的阅卷员间的信度才能得到保证。而单项分析法则要花费阅卷员几倍的时间，在大型考试中难以采用，但能更精确地提供作文各要素的质量信息。对照学生档案袋以及他们用英语回答的对课程前后的调查，研究者发现从语篇的长度和语言的流利程度上，学生的写作水平都有显著的提高。所以，笔者认为该课程在客观上使学生在传统评价意义上的写作能力在短期内得到了提高。

总之，形成性评估作为教学手段和课程学习评估手段，有着终结性评估不可比的优势。但是，如果以这样的评估体系来替代大规模终结性测试，又存在着严重的隐患①。如师生关系可能对不同学生评价有偏见；不同的评价项目和权重给学生总分可能有完全不同的结果；不同的课程之间、任课教师之间、学校之间标准不同，如何做到公平选拔。

五　结论与启示

本书表明，形成性评估在写作课堂上的运用，对过程写作教学形成了支持，提供了有效的评价工具，有利于培养学生自主能力，在客观上使学生在传统评价意义上的写作能力在短期内有所提高，还在一定程度上解决大班教学的一些难题。但是，形成性评估的目的毕竟不是要使写作课都变成大班教学。设想在 20 人左右的小班上运用形成性评估手段，会更有效地加强学生之间、师生之间的交流，如 Kohonen② 谈论“真实评价（Authentic assessment）”时所言，“不仅能全面评价学习者的

① McGaw, B. et al., *Assessment in the Upper Secondary School in Western Australia*, Perth: Ministry of Education, 1984.

② Kohonen, V., Authentic assessment in affective foreign language education, in J. Arnold (Ed.). *Affect in Language Learning*, Cambridge: CUP, 1999.

学业成就，而且能够评价并促进学习者的情感发展①”

附录

附 1

Paired Samples Test：pre-course and post course tests scores（total and content）

		Paired Differences			t	df	Sig.（2-tailed）
		Mean	Std. Deviation	Std. Error Mean			
Pair 1	pre-course total-post course total	-3. 13	5. 12	0. 91	-3. 451	31	0. 002
Pair 2	pre-course content-post course content	-1. 13	1. 43	0. 25	-4. 447	31	0. 000

附 2

Paired Samples Test：pre-course and post course tests scores（organization，vocabulary，and language use）

		Paired Differences			t	df	Sig.（2-tailed）
		Mean	Std. Deviation	Std. Error Mean			
Pair 3	post org. -pre org.	0. 3750	1. 6014	0. 2831	1. 325	31	0. 195
Pair 4	post voc. -pre voc.	0. 9688	1. 6556	0. 2927	3. 310	31	0. 002
Pair 5	post lg. -pre lg.	0. 5938	1. 4780	0. 2613	2. 273	31	0. 030

① 程晓堂：《Affect in Language Learning/情感与语言学习（导读），In Arnold，J.（Ed.）. Affect in Language Learning/情感与语言学习》，外语教学与研究出版社 2000 年版。

附 3

Paired Samples Test：pre-course and post course tests scores（holistic scoring）

	Paired Differences			t	df	Sig. (2-tailed)
	Mean	Std. Deviation	Std. Error Mean			
rater2 pre CET-rater2 post CET	-0.4688	3.0794	0.5444	-0.861	31	0.396

大学外语文化类公共选修课考评形式与方法的研究与实践

娄瑞娟　訾　缨　段克勤

一　研究背景

随着社会需求的变化和大学生外语水平的不断提高，大学外语教学的关注点逐渐转向提高阶段的各类后续选修课程。各高校都开设了不同类型不同层次的公共选修课以满足不同专业和不同兴趣的学生要求。其中，大学外语文化类的课程是受到了学生的普遍关注和欢迎。以北京林业大学为例，外语文化类选修课模块内目前包括10门课程：英美概况、语言与文化、欧洲文化入门、美国历史与文化、西方生态文学与文化、外国影视欣赏、英语现代生活、中日文化比较、日语国家概况和英语话中华系之中国当代社会与文化。外语文化类选修课程占外语学院所开设的公选修程50%以上，对推动通识教育的开展，提高学生综合素质起到了积极的促进作用。任课教师在教学内容和考试方法等方面进行了积极的探索与实践，并取得了初步的改革经验。但是，多数课程的考评还是以终结性考试为主要形式，对于形成性评价尚未形成较为规范和相对统一的模式。这种随意随机性的考查方式不仅影响到评价的公平性还会影响学习者的学习积极性。为此，我们开展了大学外语文化类公共选修课考评方式的研究和实践，并取得了初步的经验。形成了“学生互评与教师评价相结合，形成性评价和终结性考核相结合的”的外语文化类公选课考试模式。

二 理论研究

（一）课程考评的定义

课程考评指的是完成一门课程的教学后对学习者学习效果的检测和评估。对于课程评估，很多学者做过深入的研究。不同的学者使用了不同的术语表达，如“评估、考试、测试、评价或者考核”。英语 testing 表示考试、考核和测试，assessment 和 evaluation 表示评估和评价。“‘evaluation’常用于教学项目或课程的评价，而‘assessment’可泛指包含判断和决策在内的课堂和教学评价，特别是形成性评价”①。把 assessment 定义为“include all activities that teachers and students undertake to get information that can be used diagnostically to alter teaching and learning.”。它包括 teacher observation，classroom discussion，and analysis of student work，including homework and tests②。

在我国，目前的大学外语课程考评中测试（testing）仍然是主要的评估手段。这种单一的评定学生学习效果的方法缺乏对学习过程的监管，不仅会影响考评的效度和信度，而且会影响学习者学习过程中的体验，从而导致学生失去学习兴趣，过度追求学习结果。因此，在这里我们使用“考评”就是想表示它应该涵盖以测试为手段评价学习者学习效果的终结性考核和重视学习者过程学习的形成性评估两方面的内容。

（二）课程考评的方式

一门课程的考核最简单的方法就是一张试卷，这也是目前课程考核的常用手段。而试卷的效度和信度往往得到深度研究，只有严密科

---

① 金艳：《体验式大学英语教学的多元评价》，《中国外语》2010 年第 1 期。

② Black，P. J. & Wiliam，D.，Assessment and classroom learning. Assessment in Education，1998a，5（1）：7-74.

学有效的试卷才能真正达到考试的目的。但是，考试或者测试不只是，也不应该是课程考评的唯一手段。

课程考评根据不同的目的可以分为：对学习（效果）的评价（Assessment of learning）、强调学习过程的目标性评价（Assessment as learning）和促进学习（效果）的评价（Assessment for learning）。对学习（效果）的评价主要是在学习结束后采取测试来对学习效果的终结性检验，一般是以分数和等级来界定的；而 assessment as learning 应该是针对目标的边学边评，在学习过程中进行，学生通过自评或互评，不断改进和提高学习的评价手段。“评价的内容和方法本身有助于教师和学生提高认识、调整节奏、改进方法”。最后一种是“促学评价”，即对整个学习过程进行全方位、多手段地跟踪、监测和评价后进行的形成性评价[①]（Formative assessment）。

《大学英语课程教学要求》[②] 中明确指出：“教学评估既是教师获取教学反馈信息、改进教学管理、包装教学质量的重要依据，又是学生调整学习策略、改进学习方法、提高学习效率和取得学习效果的有效手段。对学生学习的评估分为形成性评估和终结性评估两种。”

终结性评价（Summative assessment）和形成性评价（Formative assessment）的概念是由 1967 年美国芝加哥大学教授斯克里文（Michael Scriven Screven）提出的。Black & Wiliam[③] 对此做出了明确的解释。他们把形成性评价（Formative assessment）定义为“the bidirectional process between teacher and student to enhance, recognize and respond to the learning.”（Black & Wiliam, 1998a）。它涵盖“all those activities undertaken by teachers and/or students, which provide information to be used as feedback to modify the teaching and learning activities in which they are engaged”（Black & Wiliamdefine. 1998—54）。终

① http://en.wikipedia.org/wiki/Assessment_ for_ Learning

② 教育部高等教育司：《大学英语课程教学要求》，高等教育出版社 2007 年版。

③ Black, P. J. & Wiliam, D. Assessment and classroom learning. *Assessment in Education*, 1998a, 5 (1): 7-74.

结性评价（summative assessment）是“the type of evaluation used at the end of a term, course, or program for purposes of grading, certification, evaluation of progress, or research on the effectiveness of a curriculum, course of study, or educational plan”[①].

形成性评价关注个体差异，强调合作学习。自2004年以来，我国推行的大学英语教学改革基于计算机网络和课堂的教学模式，重视自主学习，要求“采用课堂活动和课外活动记录、网上自学、学习档案记录、访谈和座谈”等多种形式的形成性评估模式[②]。

上海交通大学金艳教授于2010年提出在传统考试的基础上对大学英语教学进行实现多元评价的理念。多元评价（Multiple assessments）具有“评价功能的多重性、评价标准和评价主体的多元性以及评价手段的多样化”的特点。“系统化的多元评价以改进学习、提高教学和完善课程体系为目标，评价标准具体针对教学和学习的所有环节，包括学习目标的合理性、学习计划的制订、学习方法和策略、学习态度、学习进步和困难等，还包括教师的教学态度、课堂教学方法、教学评价、教学效果、教材的选编以及课程的设计和发展等”[③]。

加拿大麦克吉尔大学（McGill University）心理学教授 Fred Genesee 和肯高迪亚大学（Concordia University）John A. Upshur 把课程考评分为测试评价（Evaluating with tests）和非测试性评价（Evaluating without tests）。非测试性评价包括课堂观察、学生学习档案、学习日志和问卷，面谈等可选择性评价方式（Alternative assessment）。Genesee & Upshur（2001）提出把这些非测试性评价和测试结

① Cary E. Jenkins May. The Relationship between Formative Assessment and Student Engagement at Walters State Community College A dissertation presented to the faculty of the Department of Educational Leadership And Policy Analysis. East Tennessee State University 2010：16.

② 教育部高等教育司：《大学英语课程教学要求》，高等教育出版社2007年版。

③ 金艳：《体验式大学英语教学的多元评价》，《中国外语》2010年第1期。

合评定学生成绩的模式①。同时，他们还强调指出：实现有效的课程考评需要不仅需要熟悉各种方式的评定手段并创造性地运用好这些手段，而且更要做好认真系统的记录和评定。

（三）非测试性评价的特点和优势

Fred Genesee & John A. Upshur 的非测试性评价方式不仅具有形成性，开放性和创造性特点，更强调其激励机制，倡导有学生参与的评价体系。通过学习者的参与评价，能够提高学习热情和学习主动性，通过阶段性的分析和反思、反馈，学习者可以及时发现学习中的问题并及时补救，有助于发展自主学习能力。而教师也可以通过过程性评价及时发现学生中的问题和困难，调整自己的教学内容和教学策略②。

有效的形成性评价可以促进学生与学生，学生与教师之间的沟通与交流。3M 指 Motivate（激励）、Monitor（监控）、Modify（调整）。也就是说，形成性评价的实施，激励了学生的学习动力，监控了学生的学习过程，改进了学生的学习方法，调整了学生的学习策略，同时也促使教师完善了他们的教学③。

非测试性评价对于现阶段我国大学外语教学具有深远意义。

• 改变重知识，轻能力的教育教学倾向，改变把考试作为语言学习的终极目标和唯一检测手段。

• 能真正落实和贯彻“以人为本”“以学生为中心”的教学理念。尊重学生个体差异，有效实施因材施教原则。

• 鼓励和促进学生自主学习，提高其自主学习的能力，发挥其创新和创造性。

---

① Fred Genesee & Johna A. Upshur：《第二语言课堂评估》，外语教学与研究出版社 2001 年版。

② 苏文秀：《综合英语》，《课程评估改革探析》，《职业教育研究》2008 年第 2 期。

③ 李珩：《形成性评价与大学生自主学习能力的培养》，《学校管理研究》2013 年第 1 期。

三 实践探索

（一）文化类模块选修课的特点

随着国际化全球化的文化交流和融合，大学生对于异国文化产生着浓厚的兴趣。文化类选修课学生的关注点和兴趣所在是课程所负载的文化内容，而非语言基础知识。该类课程具有学生选课率和到课率高，参与意识强的特点。教师的教学侧重点不同于基础阶段的大学英语教学。文化类选修课采用以内容为主导（content-based）、以语言知识和技能为基础、以目的语国家社会文化为主题的教学方式。因此，文化类模块选修课程的考评方式和手段也应不同于基础阶段的语言知识和技能的测试。

在我校进行的对课程评估的调查问卷中，学生对形成性评估模式的认可度很高。308 份问卷调查结果显示，如图 1 所示（1-6 表示认可度的从低到高。1-5 表示您对本条陈述同意或否定的程度，1 表示您对本条陈述完全不同意或否定，5 表示您完全同意或肯定。0 表示不了解或不明白其义。）46%的学生对形成性评估适合文化类课程考核的认可度较高。学生认为形成性评估能体现考评的公平性（见图 2），促进学习兴趣和学习效果有很大作用（见图 3）。

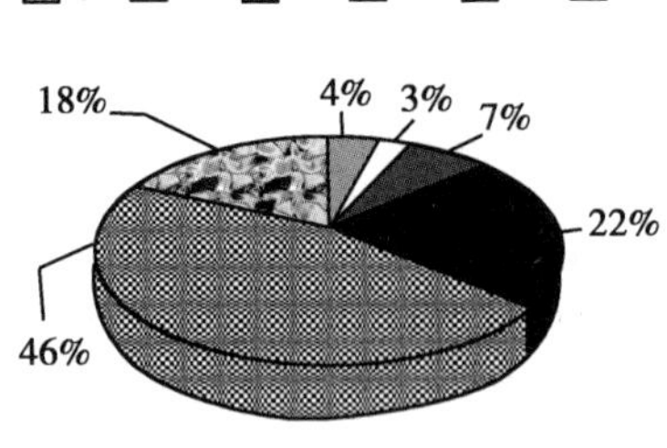

图 1 学生对形成性评估适合文化类课程考证的认可度

对于文化类的考评方式，学生们认可的既不是一次终结性闭卷

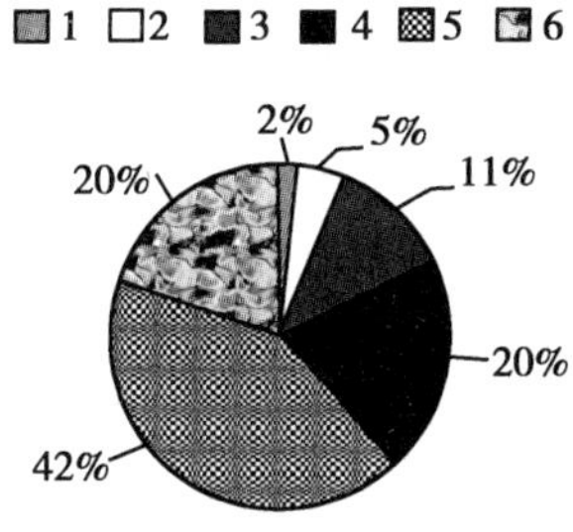

图 2　学生对形成性评估的公平性的认可

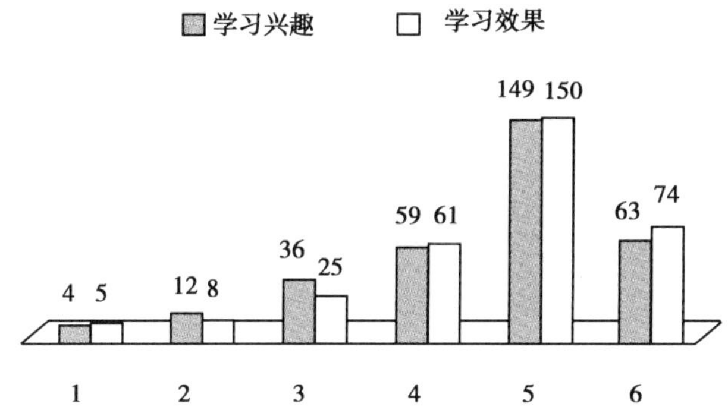

图 3　学生对形成性评估促进学习兴趣和学习效果的认可度

(开卷）考试（仅占 28.5%)，也不是完全开放的形成性评估，而是一次终结性闭卷（开卷）考试和平时成绩的方式（约占 53%)。对于平时成绩应该涵盖的主要内容（见图 4)，学生们建议可采用以下多种形式，例如：平时作业、出勤考核、小组合、口头报告、专题讨论、回答问题、文艺表演，实践调查，课业论文等多种形式。在平时成绩应占总考评成绩的百分比的问题上学生们的观点非常一致，约占 50%人认为应该占 40% 以上，32.8%的学生认为平时成绩应占总考评成绩的 30%，只有 16%的人认为应占总考试成绩的 10%—20% 。

(二）文化类选修课的考评模式

根据文化类选修课的特点，我们认为课程的考核应该采取多元评

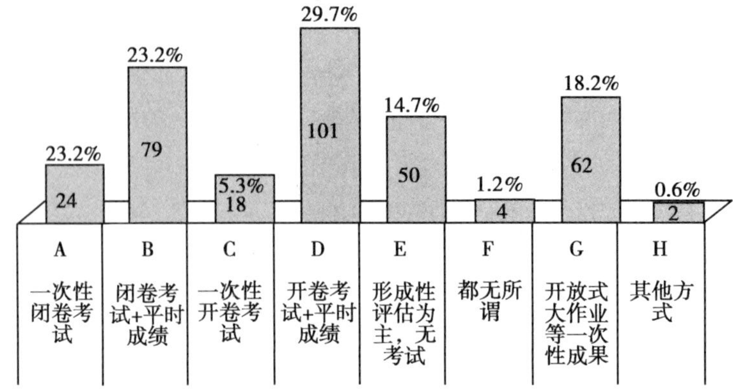

图 4 文化类公选课最佳的考评方式

价（Multiple assessments）手段。不仅要进行终结性评价（Summative assessment），还要进行多种非测试考评。形成性评价（Formative assessment）其中一个主要内容。具体模式如图 5 所示。

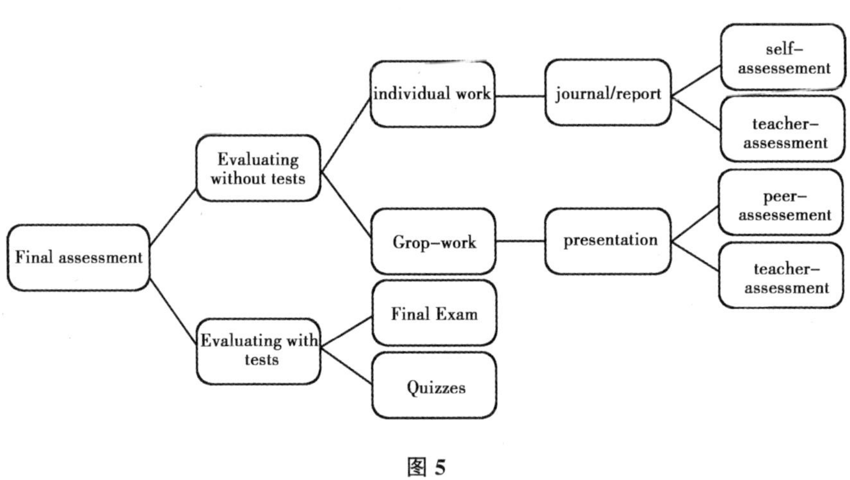

图 5

虽然文化类选修课学生人数多，给课堂教学和非测试考评的实施带来一定的困难，但是文化模块课程内容难度不大，学生又有了一定的语言基础。所以，小组活动是非测试考评基础。我们认为小组活动的形式不仅能积极的调动学习的主动性、积极性，还能培养他们的自主学习、合作意识和探索精神。小组活动的结果可以采用报告、课堂展示、课件制作的形式呈现。在这个过程中学生的自评和互评以及教师给予的评分将纳入最终的评定。

例如,《英美概况》课程要求学生自行拟定选题并制作图文并茂的 PPT 课件在小组内（15 人左右）进行讲述,之后回答组员提问,并由组内全体成员按照“讲述内容、口语表述、课件制作和回答问题”等项内容分别打分之后给出该名学生的小组得分,小组得分占期末总评成绩的 40%—50%;各组推选的一名优秀者在全班进行演示讲述,优秀者另有加分计入小组得分。

《现代生活英语》课程则采用了课程实习的形式,要求学生以小组的形式去实地考察生活情景中的实用英语。并以实习报告和小组汇报的形式进行考评。实习报告最后由小组成员自评互评后给出实习成绩,PPT 的展示由教师给出评定,几项成绩综合成最终非测试成绩。

文化类选修课的考评模式使用时主要的问题应该是:

(1)“量”和“度”的把握:无论是自评还是互评,学生之间的差距会很大,教师应加以规范指点;

(2)非测试性考评部分会增大教师的工作量,最好利用计算机辅助系统完成。

四　结论

系统化、规范化的大学外语文化类公共选修课多元化考评方法把形成性和终结性评价,学生自、互评和教师评价相结合,课堂和课下评价相结合;评价贯串整个学习过程,有利于促进课程二元素“教”和“学”同步发展,全面提高。

句酷批改网在大学英语教学中的应用研究

常　青　魏　蕊

计算机网络技术日新月异，不但改变了人们的生活方式，也改变了传统的教学模式。探讨如何有效地运用计算机技术提高教学效果是21世纪教育界关注的主要课题。在国内，英语写作对很多英语学习者尤其是大学生来说是一个薄弱环节，写作教学也一向被认为是中国外语教学的“瓶颈”①，而在我国英语教学中，尤其是大学英语教学中，教师教学负担重，对于学生的写作作业，很难保证每个学生都能得到及时有效的反馈。

一　自动作文评价系统

对于英语教学中出现的上述问题，英语作文自动评价系统（Automated Essay Evaluation）可以有效地解决。自动作文评价系统，就是利用计算机技术对作文进行记分与评估。该方向的研究至今已历时40年，在此过程中，采用了统计学技术、自然语言处理技术以及人工智能等方面的最新技术成果，于1999年在GMAT考试中得到实际应用②。国内、外自动作文评价系统大都是以自动作文评分引擎为基

---

① 吴锦、张在新：《英语写作教学新探—论写作前阶段的可行性》，《外语教学与研究》2000年第3期。

② Kukich, K., “Beyond Automated Essay Scoring” In Hearst, M. A. (Eds.). *The Debate on Automated Essay Grading*: *IEEE Intelligent Systems*. September/October 2000, pp. 22–27.

础发展起来的。1966 年，美国大学委员会请求开发的 Project Essay Grade（PEG）是最早被开发出来的自动作文评分引擎。到了 21 世纪初，以评分引擎为基础，开发出众多自动作文评价系统。这些作文自动评价系统均为基于互联网支持的综合性在线写作系统，提供线上辅助工具以达到助学目的。国外主要的自动作文评价系统主要有以下几种：如采用了 IEA 自动评分引擎的 Writingto Learn、Holt Online Essay Scoring；引用了 E-rater 自动评分系统的 Criterion；基于 IntelliMetirc 自动评分系统的 My Access!。另外 Writing Roadmap（WRM）是由 CTB/McGraw-Hill 开发的一款基于 Mosaic 自动评分技术的自动评价系统。在国内，基于人工智能（AI）、自然语言处理（NPL）、云计算和语料库，浙江大学外语学院参与开发的冰果英语智能作文评阅系统，清华大学外语系研发的易得写作软件及句酷批改网等自动评价系统，都在国内英语写作教学中得到了比较广泛的应用。

自动作文评价系统的功能主要分为两部分：一是自动评分（Automated Essay Scoring）功能；二是写作教学中的助学功能。从自动评分功能角度来看，自动作文评价系统有可靠性、客观性、经济性、灵活性和即时性等优点；从助学功能来看，自动评价系统还有其他重要意义：首先，自动作文评价系统不仅可以提供诊断性反馈和写作指导，还个性化的纪录了每个学生详细的写作档案，既可以让学生对自己的写作进展心中有数，又有利于教师对学生提出针对性的教学策略，帮助教师及时调整教学计划；其次，自动作文评价系统还提供不同的助学工具，如在线电子词典、作文话题库和优秀作文库等，有效地帮助学生提高自主学习能力和写作能力。当然，自动作文评价系统也受到了很多质疑。Page（2003）认为计算机并不能像人一样去“欣赏”一篇文章。还有学者认为计算机所计算的变量并不准确，如系统关注文章的形式而不是组织和内容①，这会让学生在学习写作时

① Page, E. B., “Project Essay Grade: PEG”, In M. D. Shermis & J. Burstein (Eds.). *Automated Essay Scoring: A Cross-disciplinary Perspective*. Mahwah, New Jersey: Lawrence Erlbaum Associates Inc., 2003, pp. 43-54.

只关注作文的表面特征，而忽略作文的交流目的①。同时也使得有些学生以反工程（reverse engineering）的方式，用一些毫无意义的文章来欺骗机器并获得高分成为可能②。因此，在教学实际应用中，自动评价系统要和其他反馈手段相结合，如教师反馈、同伴反馈等，作为学习工具辅助课堂教学，弥补其本身的不足。

二 自动作文评价系统与教学

关于自动写作评价系统的研究大多是从评分和对写作成绩的影响来研究其效度，得出的结论都认为自动作文评价系统有利于提高学生的成绩。但是，正如 Warschauer & Ware（2006）指出，自动作文评价系统作为教学辅助工具，其研究重点更应该放在教学过程之中，研究教师和学生如何将自动评价系统用于教学，如何才能最大化地发挥其助学功能。③ 在研究自动作文评价系统在实际课堂中的应用时，多采用混合式的研究方法，即量化（如成绩对比以及问卷调查）和质性（如访谈等）结合的调查方法。

Warschauer & Grimes（2008）通过访谈、问卷调查以及课堂观察相结合的方式，对 2004—2005 年使用自动评价系统 My Access！的美国加州四所中学进行了调查。调查发现：1. 学生和教师都认为系统发挥了积极作用，因为可以激发学生的写作热情和节约了教师批改作文的时间，但在教学中却很少运用，因为教师将时间都用于句型练习以及备战州统考；2. 系统对作文的修改主要集中在表层，几乎没有语篇内容和组织方面的修改；3. 在标准化考试中，学生的写作成绩并没有得到提高，教师还认为自动作文评价系统可能会让学生写作变

① Cheville, J., "Automated Scoring Technologies and the Rising Influence of Error" *English Journal*, Vol. 93, No. 4, 2004, pp. 47-52.

② 陈潇潇、葛诗利：《自动作文评分研究综述》，《解放军外国语学院学报》2008 年第 5 期。

③ Warschauer, M. and Ware, P., "Automated Writing Evaluation: Defining the Classroom Research Agenda" *Language Teaching Research*, Vol. 10, No. 2, 2006, pp. 1-24.

得机械化和模板化，而忽略作文在实际情景中的交流目的①。Chen & Cheng（2008）调查教学中不同方式使用 My Access！系统的情况。通过调查问卷、访谈以及 My Access！系统里的作文和系统反馈的样本，对台湾某大学三年级英语专业学生一学期使用 My Access！系统的情况进行了调查。根据学期末的学生调查问卷结果分析表明，学生们对系统和教师反馈相结合的使用方式接受度最高。虽然研究结果表明自动作文评价系统在修改文章过程中很有帮助，但系统反馈相对于传统的教师反馈很“抽象”“不具体”“意思不清”“重复”。如果只依赖系统，会引发学生的不安，限制学生写作能力的发展。唐锦兰和吴一安（2012）运用测试、访谈和问卷调查相结合的混合研究法对五所普通高校的大一、大二学生使用在线评价系统 WRM 进行了两个学期的跟踪研究。研究结果表明融入自动作文评价系统的实验教学有助于写作能力的提高，且主要体现在内容和结构方面，这与之前的实验结果一致。除此之外，唐锦兰和吴一安还认为把自动评价作文系统融入写作教学中还改变了教学方法和教学模式。② 传统的写作教学是以教师为主体，而变革的教学，让学生变为学习的主体。教师也从知识传授者、唯一评价者，转变成为学习过程中的引导者、助学者、评价参与者、分析者和研究者。因此，自动评价系统作为一个助学工具，虽然它的使用使变革成为可能，但它本身不能使教学效果发生变化，教师和学生才是真正促进教学效果提高的主体。综上所述，如何让自动作文评价系统更好地融入英语写作教学当中，充分发挥自动作文评价系统的助学功能，提高学生的写作水平，提高教师的教学效率与效果还需要在课堂教学中进行更多的研究和探索。

---

① Warschauer, M. and Grimes, D., “Automated Writing Assessment in the Classroom” *Pedagogies: An International Journal*, Vol. 3, 2008, pp. 22-36.

② 唐锦兰、吴一安：《写作自动评价系统在大学英语教学中的应用研究》，《外语教学与研究》2012 年第 3 期。

三 研究设计

（一）研究问题

本研究基于句酷批改网，采用定量与定性相结合的研究方法，探究把自动评价系统融入非英语专业写作教学中的应用情况。具体而言，旨在探讨以下三个问题。（1）将自动写作评价系统作为助学工具融入英语教学当中是否能够提高学习者的写作水平？（2）如果自动写作评价系统的应用有效果的话，该评价系统对学生和学习、教师和教学会带来怎样的变化和影响？（3）自动写作评价系统作为助学工具应该如何融入教学，关键因素有哪些？

（二）研究对象

本研究从北京林业大学 2012 级非英语专业 10 个班中选择了水平最接近的三个班共 163 名学生作为研究对象，展开了一学期的实证研究。其中环境 12 和工业设计 12 为实验组 1，共有 58 名学生，授课教师为教师 A，使用自动作文评价系统作为助学工具；法学 12 和工商管理 12 为实验组 2，共 53 名学生，授课教师也为教师 A，使用自动作文评价系统作为助学工具且同时与教师后续反馈相结合；数学 12 为控制组，共 52 名学生，授课教师为教师 B，不使用自动作文评价系统作为助学工具，对教学模式和教学计划没有任何干涉。在实验过程中，为了不影响实验效果，三个班的学生并未被告知他们被选为教学实验对象。同时教师 A 作为两个实验组的教师也被作为实验对象。

（三）研究方法和研究工具

本书采用定量和定性相结合的方法，定量包括对三个班学生实验前、后测英语写作成绩的对比分析以及三个班之间后测成绩的方差分析；定性研究包括问卷调查、访谈、句酷批改网使用情况和教师日志。

1. 测试

为了了解学生在参与实验前的真实英语水平，便于与试验后的成绩进行对照，以受试学生 2013 学年到 2014 学年第一学期期末英语考试中的写作部分作为前测。实验结束后，为了了解受试学生在参与实验后的英语写作水平的变化，与试验前的成绩进行对照，以 2013 学年到 2014 学年第二学期期末英语考试中的写作部分作为后测。前、后测成绩均由教学经验丰富且经常参加大学英语四级考试评卷工作的两位大学英语教师评阅，在对学生的作文进行独立评阅后，最终成绩为两位评分教师所评分数的均值。

2. 问卷调查

本书在实验开始前后，受试学生分别进行了问卷调查。前、后测调查问卷分别为封闭式和半封闭式，内容参考了唐锦兰、吴一安（2012）的英语学习情况调查问卷（高校阶段），并根据本研究的实际情况作了相应修改，进行了信度和效度检测。前测调查问卷主要调查了实验组和控制组受试学生的基本学习情况、电脑和网络使用情况；实验结束后，实验组的受试学生进行了调查问卷后测，侧重于受试学生对于自动作文评价系统的教学体验，主要包括三部分：第一部分主要调查实验组受试学生在英语写作中实际应用句酷批改网的情况；第二部分主要调查实验组受试学生对句酷网的使用感受；第三部分为开放式问题，调查学生对自动评价系统的看法和感受。

3. 访谈

为了进一步了解学生对自动评价系统的使用感受，根据前测成绩在实验班中选择 12 名有代表性的学生进行了半结构式访谈，包括 4 名高水平学生（12 分及 12 分以上），4 名中等水平学生（9 分至 11 分）和 4 名低水平学生（8 分及 8 分以下）。访谈的主要内容包括对句酷批改网提供的分数是否客观、反馈是否准确；句酷批改网是否能提高写作能力，具体体现在哪方面；使用句酷批改网过程出现的问题和局限性；在以后的写作学习中还会使用句酷批改网系统等问题。

4. 教师反思日志

为了了解教师在实验过程中教学观念和教学策略的变化，本书还采用了教师反思日志。教师日志主要记录了实验过程中学生句酷批改网三次作文练习的情况及教师的反思，于日常教学实验的过程中收集。教师反思日志的内容主要包括三方面：学生写作的总体表现；教师批改作文的感受和反思；学生使用自动评价系统的情况。

（四）研究过程

研究过程从 2013 年 12 月开始至 2014 年 6 月结束共分为三个阶段：前测阶段、实验阶段和后测阶段。

前测阶段在 2013—2014 年第一学期末进行，主要包括实验前的测试和调查问卷，进一步确认三组受试学生的英语水平大体相当，基本学习情况、电脑和网络使用情况大体相似，没有显著区别，以保证实验效度。在此期间，参加实验的教师和学生还接受了句酷批改网使用方法和技能的相关培训。

实验阶段于 2013—2014 年第二学期进行。在实验过程中，控制组采取常规的写作教学方式，按照原有的教学计划进行英语写作学习和练习。而两组实验组，在完成原有教学计划的基础上，还要求采用句酷批改网于 2 月、3 月、4 月中旬完成三次写作作业。实验组 1 的实验过程为：教师在句酷批改网上布置作文题目——学生在两周内完成并提交——学生根据系统反馈修改作文至 11 分以上并提交。整个过程中，自动作文评价系统是实验组 1 唯一的反馈及评价工具，教师 A 只需要检查学生的作文完成情况，记录教师日志，因此对学生自主学习能力要求更高。实验组 2 的实验过程为：教师在句酷批改网上布置作文题目——学生在两周内完成并提交——学生根据系统反馈修改作文至 11 分以上并提交——教师在一周内给予针对性反馈，并记录教师日记——教师在课堂上对写作完成情况进行总结，以及对突出问题和共性问题进行讲解。整个过程中，自动作文评价系统的及时反馈和教师稍后更有针对性的反馈以及课堂上的点拨互为补充，充分发挥自动评价系统的评估和助学功能，但需要占用教师 A 额外的时间和精力，增加教学负担。

后测阶段于在2013—2014年第二学期末进行，主要包括实验后的测试，问卷调查和学生访谈，主要考查学生在参与实验后的英语写作水平的变化，学生对句酷批改网的真实使用体验和感受。

四　研究数据分析和讨论

（一）句酷批改网是否有助于提高学生的写作水平

为了研究句酷批改网应用于教学是否能够帮助受试学生提高写作水平，首先对实验数据进行量化分析，通过SPSS 21.0统计软件对实验组和控制组学生实验前、后的测试成绩进行单因素组间方差分析，以及各组在实验前、后的测试成绩进行配对T检验分析。

如表1所示，在实验开始实验组1、实验组2和控制组学生的写作成绩没有显著差异［$F(2, 160) = 0.20$，$p>0.05$］：三个组的前测成绩没有显著差异，平均成绩之差分别为MD＝0.13，MD＝0.04和MD＝0.10。因此，实验组和控制组在实验开始前写作水平相当，具有可比性。

表1　　实验组和控制组前测成绩比较

	实验组1		实验组2		控制组		F
	（n＝58）		（n＝53）		（n＝52）		（2，160）
	M	SD	M	SD	M	SD	
前测成绩	9.02	1.13	8.89	1.11	8.98	1.14	0.2

对实验组和控制组学生的后测成绩进行单因素组间方差分析，分析结果如表2所示，经过一个学期的教学实验，采用不同教学模式的学生成绩有显著差异［$F(2, 160) = 6.03$，$p<0.05$］：实验组1和实验组2受试学生的成绩均显著高于控制组的学生，平均成绩之差分别为MD＝0.73和MD＝0.71。但实验组1和实验组2学生的成绩之间没有显著差异。对各组在实验前后的测试成绩进行配对T检验分析，结果如表3所示，经过一个学期的教学实验，实验组

1（$t=-6.75$，$df=57$，$p<0.05$）和实验组 2（$t=-7.22$，$df=52$，$p<0.05$）学生的前后测成绩有显著差异：两组的后测成绩显著高于前测成绩，前后测平均成绩之差分别为 $MD=0.75$ 和 $MD=0.83$。而控制组的后测成绩虽然有所提高，但提高幅度较小（$t=-0.15$，$df=51$，$p>0.05$），前、后测成绩的差异不具有显著性。与实验组成绩显著提高相比，控制组成绩的小幅度提高可以理解为传统教学模式的必然结果，经过一个学期的英语教学，学生写作能力理应有所提高。根据后测调查问卷数据分析，实验组 1 和实验组 2 分别有 58.2%和 64%的学生对句酷批改网持肯定态度，“同意”或“非常同意”句酷批改网有助于他们修改作文和提高写作水平。29.1%和 28%的学生对句酷批改网持中立意见，只有不到 10%的学生持否定意见，“非常不同意”或“不同意”句酷批改网有助于他们提高写作水平。调查问卷数据还显示，实验组 1 和实验组 2 分别有 44.5%和 40%的学生“同意”或“非常同意”句酷批改网帮助他们提高了词汇和语块的掌握能力，40%和 50%的学生“同意”或“非常同意”句酷批改网帮助他们提高了语法的掌握能力，48.2%和 42%的学生“同意”或“非常同意”句酷批改网帮助他们提高了篇章结构的掌握能力，但仅有 26.4%和 28%的学生“同意”或“非常同意”句酷批改网帮助他们提高了作文内容的掌握能力。这说明绝大部分学生认为，句酷批改网帮助他们提高了写作水平，但帮助主要体现在词汇、语块、语法和结构方面。

表 2　　实验组和控制组后测成绩比较

	实验组 1		实验组 2		控制组		F	Post Hoc
	（n=58）		（n=53）		（n=52）		（2，160）	（Tukey）
	M	SD	M	SD	M	SD		
后测成绩	9.76	1.22	9.74	1.19	9.03	1.29	6.03	实验组 1>控制组
								实验组 2>控制组

表 3 **实验组和控制组前测成绩和后测成绩比较**

	MD	SD	T	df	Sig. (2-tailed)
实验组 1 (n=58)	−0. 75	0. 85	−6. 75	57	0
实验组 2 (n=53)	−0. 83	0. 84	−7. 22	52	0
控制组 (n=52)	−0. 15	0. 94	−0. 81	51	0. 42

而比较实验组 1 和实验组 2 的前、后测成绩，虽然实验组 2 的成绩提高的更多，但两组间的后测成绩并没有显著性差异，这说明与只利用句酷批改网的教学模式相比，将句酷批改网与教师反馈相结合的教学模式能帮助学生更好地提高写作能力，但两者带来的效果差异并不显著。

(二) 学生和教师对句酷批改网的态度

结合学生调查调查问卷，学生访谈和教师反馈数据进行分析，结果表明，经过一学期的教学体验，学生对于句酷批改网主要有以下三种态度。

1. 学生对句酷批改网的效果持肯定态度

作为一个练习平台，句酷批改网迅速而有效的评分和反馈激发了他们修改作文和练习写作的热情。调查问卷数据表明，在一学期的实验过程中，实验组 1 和实验组 2 中分别有 87. 3%和 92%的学生用句酷批改网练习了 3—5 次作文（其中包括教师布置的三次作文作业），有 10. 9%和 8%的学生在句酷批改网中练习作文的数量在 5 篇以上。平均每次练习，有 45. 5%和 56%的学生在提交给老师之前会根据句酷批改网的反馈修改 3—5 次，10. 9%和 8%的学生甚至会修改 5 次以上。“我第一次在句酷上修改了 20 多次，虽然是为了达到 11 分，但是我刷分的感觉让我很兴奋”（中等水平学生 B，学生访谈）。研究表明，传统教学中，学生做一次写作练习，往往需要几天甚至一周以上才能得到教师反馈。这样的延迟反馈不能很好地起调节教学过程的作用，常常成为无效反馈（杨慧中，1981）。而自动评价系统提供的即时反馈能够很好地解决这个问题，让学生对自己写作中出现的错误印象深刻，并且提高学生的修改作文和自主学习的兴趣。

2. 学生认为句酷批改网的诊断性反馈能有效提高他们的写作水平，尤其是在格式、词汇、语块和语法方面

调查问卷数据显示，实验组 1 和实验组 2 都有超过 60% 的学生“经常”或“总是”利用句酷批改网的诊断性反馈修改词汇、语块和语法方面的错误。通过句酷批改网提供的反馈，他们能意识到从前总是被忽略的问题。“我觉得自己在格式方面规范了很多，例如大小写和标点符号”（高水平学生 A，学生访谈）。但是，仅有不到 30% 的学生“经常”或“总是”利用句酷批改网的诊断性反馈优化写作的结构和内容。其原因主要在于“句酷批改网还不够智能”“对于结构和内容方面的错误不够敏感”，甚至会发生错误的判断“句酷批改网对于我文章中出现的老师提供的错误题目给予了错误的判断”（低水平学生 C，学生访谈）。这说明学生认为句酷批改网帮助他们提高了写作水平，且提高主要体现在格式规范、词汇、语块和语法方面。同时由于技术上的不足，句酷批改网对于文章结构和内容方面不够敏感，因此对学生在结构和内容方面的帮助比较少。

3. 与自动生成的系统反馈相比，学生仍然更加信任教师反馈

从调查问卷数据可以看出，采用句酷批改网与教师反馈相结合教学方式的实验组 2 中，80% 以上的学生“经常”或“总是”根据教师反馈修改词汇、语块、语法方面的错误，优化结构和内容方面的不足。这一概率要远远高于他们使用句酷批改网修改作文的概率。根据学生访谈，实验组 1 的 6 名学生都认为教师如果在最终提交句酷批改网后再进行反馈，可以提高他们使用句酷批改网的积极性。“相比于智能软件，教师更加专业，教师反馈要比系统反馈更加可靠”（低水平学生 A，学生访谈）。而在实验过程中已融入教师反馈的实验组 2 的 6 名同学中，一半则认为融入教师反馈对他们使用句酷批改网的积极性没有影响，因为“老师给的反馈不够具体，往往只有标记，没有明确的修改意见，没有太大帮助”（中等水平学生 A，学生访谈）。因

此，虽然融入教师后续反馈的教学模式并不能显著提高学生的写作能力，但学生仍然希望能够得到教师的评价与反馈，因为从计算机技术和传统观念的角度来看，教师的评价和反馈更加值得信赖，在学生的心目中接受度更高。

根据教师 A 的三次反思日记，教师 A 对句酷批改网的看法和态度可以总结为以下三个方面。

1. 句酷批改网的练习平台能够打破时间和空间的樊篱，在不占用宝贵课堂时间的同时又能时时跟进学生写作的完成情况，让学生有更多的练习机会；句酷批改网的诊断性反馈能让教师从简单的错误反馈中解脱出来，从而更关注于结构和内容方面的反馈，给予学生更多的帮助。

2. 教师的后续反馈与自动评分系统结合是一种督促学生完成作业，提高自主学习能力的重要手段。句酷批改网教师管理后台数据表明，采用句酷批改网同教师后续反馈相结合教学方式的实验组 2 在三次作文练习中，学生作文的提交率达到了 100%；而只使用句酷批改网作为助学工具的实验组 1，第一次作文的提交率为 100%，第二次的提交率为 98%，同时有两篇作文被系统检测出抄袭嫌疑，第三次的提交率仅为 93%，且有三篇作文被系统检测出抄袭嫌疑。比较实验组 1 和实验组 2 的三次作文提交情况，可以看出教师反馈不仅能够学生的写作能力，更是一种督促学生完成作业，提高自主学习能力的重要手段。虽然在使用自动评价系统的过程中，多数学生渴望提高写作水平，但同时他们缺乏较强的自主学习能力，所以教师反馈起到的督促和引导作用是不容忽视的。

3. 句酷批改网对中低水平学生的帮助更大，对高水平学生的帮助则相对较小。由于自动作文评价系统自身技术的局限性，系统反馈在词汇和语法层面提供的帮助较大，在文章结构和内容逻辑方面则有限。对于中低学生水平，基础比较薄弱，作文的各个层面都需要提高，而句酷批改网在词汇和语法层面能给予他们显著的帮助，不但能指出错误，还能以语料库为依托在反馈中提供同义词、近义词，以及短语和搭配在语料库中出现的频次，让学生更充分的理解和记忆。对于高水平学生，基础比较扎实，更多地需要在句子结构、篇章结构和内容逻辑等方面提高和升华，而句酷批改网在句型结构的修改上，很少去改变学生原有的句型或者提供合适的句型，在篇章结构和内容逻辑方面的敏感度也比较低，难以提出有效的反馈和建议。

（三）自动评价系统作为助学工具融入教学的两个关键因素

关于学生是否会自愿选择继续使用句酷批改网作为提高英语写作水平的工具，结合调查问卷和学生访谈发现，实验班 1 和实验班 2 分别有 70%和 78%的学生表示会继续使用，原因可以归纳为以下两点。

1. 句酷批改网的话题库有专门针对四六级、托福、雅思等考试的练习，可以帮助他们通过考试，提高成绩。

2. 句酷批改网的即时反馈十分方便有效，大学英语结课以后，句酷批改网可以成为替代性工具。学生访谈数据还表明，中低水平学生对句酷批改网的认可度要高于高水平学生。8 名中低水平学生中只有 1 名表示“绝对不会使用句酷批改网，因为我讨厌在电脑上打作文，我喜欢把作文写在纸上的感觉”；而 4 名高水平都表示不会继续使用句酷批改网作为提高英语写作水平的工具，只有 1 名学生认为“如果我以后靠托福和雅思可能会使用，锻炼自己的机考能力”。

综上所述，学生的写作水平和学习目的是决定自动评价系统如何融入教学的两个关键因素，教师应该在结合目标学生的实际水平和学习目标来制定相应的教学模式，并合理融入教师反馈，发挥自动评价系统的最大效果，提高学生的英语写作水平和自主学习能力。

五 启示

综上所述，将句酷批改网作为助学工具融入英语教学当中能够提高学习者的写作水平，尤其是在格式，词汇搭配和语法方面。学生和老师对自动写作评价系统的效果也都持肯定态度：学生认为自动评价系统提供的练习的平台，激发了他们的学习热情，迅速有效的系统反馈让他们意识到从前被忽略的问题；教师认为自动评价系统能够打破时间和空间的藩篱，让学生有更多的练习机会，系统反馈能让教师从简单的错误反馈中解脱出来，从而更关注于内容反馈。但同时，一方面自动作文评价系统作为人类发明的一种人工智能产品，有其自身的技术限制和智力缺陷，并不能像真正的教师一样全面的对学生作文中结构和内容给予有效反馈；另一方面现阶段中国大学生的自主学习能力较差，不能积极主动地发挥自动评价系统的最大功效。因此，本书对将自动作文评价系统融入的大学英语教学模式提出以下建议。

1. 学生的写作水平和学习目的是决定自动评价系统如何融入教学的两个关键因素，教师应该在结合目标学生的实际水平和学习目标来制定相应的教学模式。首先，对中低水平学生，自动评价系统的系统反馈能起到较大的作用，而对高水平学生的帮助则十分有限。对于高水平学生来说，教师的反馈和点拨更加有效。其次，自动作文评价系统提供的练习平台和即时反馈，能有效地帮助学生提高通过考试的几率和考试成绩，但很难有效地提高他们英语能力。

2. 由于自动作文评价系统的自身缺陷和学生不高的自主学习能力，在将自动评价系统运用于英语教学中时，应该合理融入教师反馈作为补充和督促手段，以此发挥自动评价系统的最大效果，提高学生的英语写作水平和自主学习能力。

应用网络在线评分系统辅助英语写作教学*

王雪梅　娄瑞娟　罗凌志

一　英语写作教与学现状

作为一种重要的语言技能，写作可以全面检验英语学习者的语言综合应用能力和认知水平。许多研究者认为："写作是评价学习结果最有用的工具"。写作要求学生有扎实的语言基本功，具备一定的审题能力、想象能力、表达能力。因此，写作实际上是一项相当具有挑战性的任务。

教师们在英语写作教学中面临若干难题：学生在写作方面既存在共性问题也存在个性问题。教师的课堂注重理论知识讲解，注重强调解决学生的共性问题，却很难全面而有效地分析解决学生存在的个性问题，因此课堂内容显得比较抽象，学生的反馈效果不尽如人意。教学班学生人数众多、批改作文耗时费力也使得教师很难在一个学期内批改大量的作文以巩固课堂教学内容，这些都对教师的写作教学产生了一些不利的影响。

学生们由于阅读量较小而缺乏自然的语感，他们在写作时头脑中根本没有现成的可以借鉴的材料，于是只好搜刮枯肠，拼凑字数，因而他们的作文随意性明显，段落间缺乏连贯性，句子汉语化痕迹明显。而相对有限的课下写作训练也使得学生们很难将所学到的理论知

* 资金项目：北京林业大学科技创新项目：移动辅助语言学习环境下的自主交互研究（项目编号：TD2014-07）。

识应用于写作过程，有目的地修正自己存在的问题。由于学生对所写的作文缺乏回顾、反思，即使是面对教师精心修改过的作文，学生也很难将其中的精华内化成自己的语言材料，错误的句子、不恰当的表达在作文中依旧不断出现。

在线评分系统在一定程度上可以改善当前英语写作教与学的现状。同教师的人工评阅相比，计算机自动评分系统有着极大的优势。首先，它可以提高阅卷速度，甚至是网上即时阅卷，学生马上就可以知道自己的写作分数以及作文的不足之处。其次，在线评分系统提供了多种素材，学生可以根据课堂所学内容，有目的地进行写作练习，不断强化写作技能。最后，教师可以参考系统提供的数据，找出共性和个性错误，在教学过程中加以讲解和强调，使课堂内容更加细化。

二　在线评分系统辅助英语写作教与学

（一）写作在线评分系统简介

写作自动评价系统最早在美国研发，大致分三个阶段。第一阶段：美国杜克大学研发了 PEG（Page Essay Grade），它对一篇文章的可测量特征如：平均句子长度进行多元回归分析，然后基于人工评判的语料库建立评分模式。第二阶段：美国科罗拉多大学研发了 IEA（Intelligent Essay Assessor），该系统更多关注文章的抽象思想内容。第三阶段：Holt Online Essay Scoring、Writing Roadmap 的开发使得系统能够对总分、写作内容、语体、词汇及格式规范进行单项打分并进行个性化反馈。但是，这些系统多应用在以英语为母语的写作评估中，对中国学生的英文写作适用性不强。

目前，北京林业大学外语教师使用网上写作自动评价系统——句酷批改网（http：//www. pigai. org）来辅助英语写作教学。它以 SAAS（software-as-a-service）的方式为学生提供一个写作环境，在线批改并给出即时评分与诊断性反馈。它可以从写作内容、组织结构、语法句式、篇章结构等方面进行分析，做出形成性评估。同时，该系统还提供一些写作资源和编辑工具辅助写作教学。教师操作系统非常便捷，只需提交作文命题、范文和评分标准即可。学生按照作文号在规定的时间内上网完成任务，即刻就可得到自己的作文分数，并可参考系统和教师提供的反馈意见进行多次修改，直到满意为止。

（二）写作在线评分系统的优势

句酷批改网在减轻教师作文批改量的同时也帮助教师更直观地了解学生的作文水平。教师借助评分系统了解班级的整体情况，在课堂上针对共性问题进行讲解和训练。教师也可以根据学生几次作文的分数判断学生在写作方面是否取得了进步，程度如何，并针对学生的个性问题，通过网上评价单独加以辅导。共性讲评与个性辅导相结合的方式对英语写作教学起到积极的辅助作用，使得课堂教学更符合学生需求。对于学生来说，通过在线评分、同伴互评和教师点评，学生可以不断完善其作文。在不断提高的分数和正面反馈的激励下，学生写作的积极性和主动性进一步加强。更重要的是句酷批改网提供了相当多的写作练习题材，学生可以不断强化写作技能，达到练习的目的。

1. 写作在线评分系统使学生获得即时评分与反馈

根据写作理论：写作过程是非直线性的。一篇结构完整、表达清楚、读者欣赏的作品最终得以完成，需要经过反复思考，反复修改。学生在规定的时间提交作文后，即刻得到作文的分数及评价。点击系统提供的按句点评功能，学生就可根据其意见自主修正语言错误。随着语言正面输入的增加，学生的一些语言错误会逐渐得到改正，作文分数也相应不断提高。自觉修正语言问题直至获得满意的分数的评价方法促使学生不断思考，逐步改进，自主提高写作水平。以下为一位同学经过三次修改后的作文及在线评分系统给出的评分、评价及修改意见。

表 1　　作文内容及评价

Make Our City Greener

The urban greening situation is improving, which now has become an irresistible trend: the green area in residential areas has increased inch by inch, trees standing along the road have been established increasingly, more and more botanical gardens have been set up. However, there is still some place with bad climate in city for the lacking of green, such as centralarea where the buildings are denser.

Undoubtedly, green land is conducive to the urban environment. Plants can purify and humidify the air polluted by the industrial waste gas and reduce the temperature, improving the city climate to some extent. Otherwise, plants play an increasingly important role in urban beautification.

As far as I am concerned, to achieve the urban greening, the government should draw up a rational planning for urban layout for utilizing the limited land resource rationally. Besides, it is everybody's duty to take good care of the green land.

作文得分：10 分（满分 15 分）

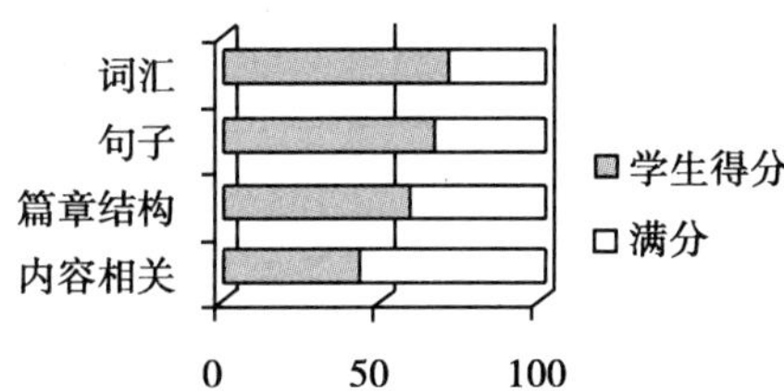

评价：作者词汇表达比较灵活多样，也能比较准确地使用学术词汇；复杂句子使用不错，句法规范；文章采用了适当的过渡词和衔接词，结构比较严谨

体检报告

类型	维度	测量值	参考范围
词汇	字数	153 ↓	166—208
	平均词长	5. 03	4. 23—4. 97
	平均词长标准差	2. 80 ↑	2. 19—2. 62
	高频词汇占比	71% ↓	77%—86%
	学术词汇占比	12% ↑	2%—7%
	超纲词汇占比	13% ↑	3%—8%
	篇章连词	10	8—14
	动词短语	10	7—17
段落	段落数	3	3—5
句子	句子数	7 ↓	11—17
从句	从句总数	8 ↓	9—17
词性	连词	2% ↓	3%—6%

表 2　　写作在线评分系统提供的句子点评

1. 2　However, there is still some place with bad climate in city for the lacking of green, such as central area where the buildings are denser.	【动词错误】介词使用错误，建议将 lack of sth. 改为 lack sth. 或 the lack of sth. 【学习提示】bad 在写作中使用太泛，在某些语境总可考虑换成近义词 unfavorable/dreadful/ be less impressive 等
2. 2　Plants can purify and humidify the air polluted by the industrial waste gas and reduce the temperature, improving the city climate to some extent.	【低频警示】the industrial waste gas 在语料库中无此用法，疑似中式英语 【搭配统计】improve——climate 在教材中出现 179 次 【批改提示】注意形近词 industrial 与 industrious 的用法

续表

3.1 As far as I am concerned, to achieve the urban greening, the government should draw up a rational planning for urban layout for utilizing the limited land resource rationally.	【低频警示】urban——greening 在语料库中无此用法，疑似中式英语 【学习提示】draw up：起草、制定，属于四、六级经典高分短语

句酷批改网的一个优势是学生可以从词汇、段落、句子结构方面分析自己作文的优、缺点，并借助该网络提供的句子点评找到作文中语言欠缺之处。指出写作中的语言问题，让学生自主改错，这有助于他们语言能力和自我纠错能力的提高。句酷批改网另一优势是系统提供了大量的近义词辨析供学生在作文选择应用，促使学生语言的多样化。借助语料库，句酷批改网的应用促进了学生自主学习的能力，对语言学习起到了良好的促进作用。

2. 写作在线评分系统协助教师进行阶段性评估

句酷批改网除了对学生进行个性化的评价之外，也为教师教学提供了一定的参考数据。教师通过班级整体数据来了解学生写作水平状况，调整教学计划，使教学更好地与实际应用相结合。笔者使用批改网对大学一年级的学生进行作文写作训练。该学期共进行写作四次，作文满分为 15 分，参与人数为 125 人。学期结束时对学生的写作状况分析如下：

表 3　　第一次写作与第四次写作情况对比

次数	文章分数	分	文章长度	字	修改次数	次	雷同文章（篇）
第一次	最高分	12	最长字数	226	最多次数	29	8
	最低分	2	最短字数	110	最少次数	1	
	平均分	7.7	平均字数	160	平均次数	4.5	
第四次	最高分	13	最长字数	230	最多次数	31	6
	最低分	2	最短字数	120	最少次数	1	
	平均分	8.0	平均字数	171	平均次数	6.1	

从表 3 中可以得知：课程写作训练加上四次的网上作文练习使得学生的作文水平有所进步，平均成绩较以前有所提高。集中体现在学

生作文的平均分提高了 0.3 分，平均词长增加了 11 个词，平均修改次数增加了 1.6 次。从图 1 来看，两次写作练习在词汇部分和句子部分分值变化不大，都在 80 分左右，但篇章结构及内容相关度却随着写作次数的增多有显著变化。篇章结构部分成绩由 76.3 分升至 79.8 分，内容相关度从 58.8 分直接上升到 77.9 分。这些结果表明，学生的写作水平提高是个曲线活动，学生在不断练习的情况下，能达到提高写作水平的目的。

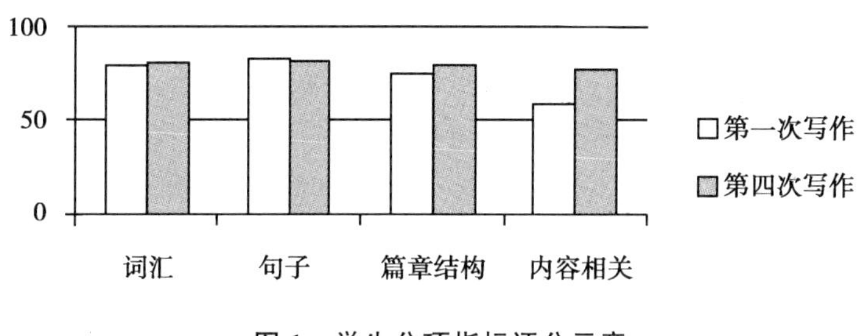

图 1　学生分项指标评分示意

教师通过系统可以了解学生的写作水平是否有提高，具体单项的提高幅度。从图 2 中可以看出学生低分段（0—5 分）人数由原来的 18 人下降为 8 人，下降幅度为 8%；学生中间分数段（6—9 分）人数比例呈明显上升趋势，由原来的 82 人增加到 103 人，增加比率为 17%；而学生高分段（10 分以上）人数基本没有变化，由此可以证明，学生的写作水平随着写作练习的增加呈递增趋势，但当学生写作水平达到一定程度后，则很难在短时间内迅速提高，这符合语言学习的认知规律。

总而言之，学生认为句酷批改网最大的优点是批改及时，即刻得到分数；其次是可以借助系统句子点评使得作文分数不断提高；再次是句酷批改网提供网上互评，同学可以欣赏对方的文章，取长补短。老师们认为，句酷批改网节省了老师的批改作业量，使得老师能够根据评分信息对学生的情况加以概括、总结，并利用系统的教师评论功能进行单独辅导，使写作课程授课更加有的放矢，也更富有实效性。

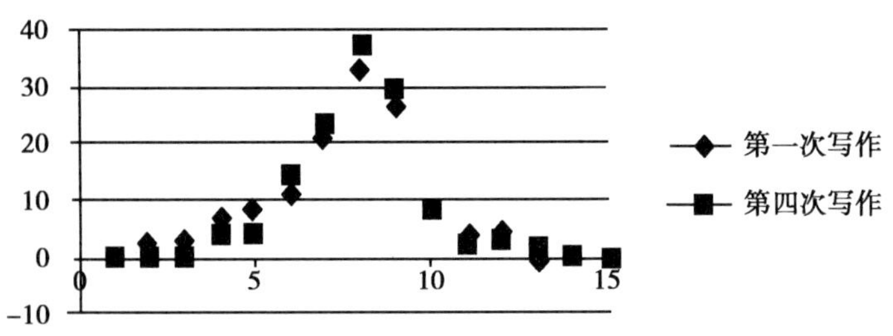

图 2　学生写作成绩分析

三　结语

《大学英语课程教学要求》明确要求，在大学英语教学中使用信息技术提高教学效果，使英语教学不受时间和地点的限制，朝着个性化、自主化学习方向发展。作为写作教学的一个重要的辅助工具，在线写作评价系统有着十分显著的优越性，但是它不能代替教师评价。从笔者目前使用情况来看，句酷批改网还存在着几项问题。第一，批改网提供的反馈主要集中在词汇和语法方面，而对作文的思想内容、逻辑性及篇章结构方面的反馈较少，反馈信息多为提示性的，不够具体。如果教师不进行干预而只依赖系统，学生薄弱环节很难提升。第二，学生根据教师意见及系统点评不断提交修改作文，但网络保存的只是其提交的最后一篇文章。学生无法回顾自己所取得的进步，影响其学习效果。第三，句酷批改网提供的同伴互评功能使得学生的写作热情和认真程度较纸版写作高，但学生由于顾忌同学面子，所给出的评论和所打的分数都较高，这在一定程度上背离了评分标准，使得评分准确率有所下降。总体说来，在线评分系统对写作教学起到了积极的辅助作用。实践也证明，只有教师的指导与系统的反馈相结合共同作用于教学才能真正起到应有的作用。